* 사진 출처

20쪽 : 위키피디아, 네이버 지식IN, Bootstrap, OSDN(https://osdn.net)
30~31쪽 : 우버, 카카오택시 애플리케이션
66쪽 : Pixabay
67쪽 : 셔터스톡, 위키피디아
79쪽 : 공유허브(http://sharehub.kr)
84쪽 : 셔터스톡
88쪽 : 에어비앤비(www.airbnb.co.kr)
89쪽 : 위홈(https://www.wehome.me)
91쪽 : 따릉이(https://www.bikeseoul.com), Pixabay
104~105쪽 : 열린옷장(https://theopencloset.net), 숨고(https://soomgo.com), 크몽(https://kmong.com)
115쪽 : GOOGLE MY MAPS
116쪽 : 오픈스트리트맵(www.openstreetmap.org)
119쪽 : 온마, 탈잉, 해주세요 애플리케이션
123쪽 : 넷플릭스(www.netflix.com/kr), 웨이브(www.wavve.com)

우리는 공유경제에 진심

2022년 12월 7일 초판 발행

류지웅(한국공유경제협회) 글 | 오승만 그림

펴낸이 김기옥 ● **펴낸곳** 봄나무 ● **아동 본부장** 박재성
편집 한수정 ● **디자인** 블루 ● **판매전략팀** 김선주, 서지운 ● **제작** 김형식 ● **지원** 고광현, 임민진
등록 제313-2004-50호(2004년 2월 25일) ● **주소** 121-839 서울시 마포구 양화로 11길 13(서교동, 강원빌딩 5층)
전화 02-325-6694 ● **팩스** 02-707-0198 ● **이메일** info@hansmedia.com
봄나무 인스타그램 https://www.instagram.com/_bomnamu

도서주문 한즈미디어(주) **주소** 121-839 서울시 마포구 양화로 11길 13(서교동, 강원빌딩 5층)
전화 02-707-0337 ● **팩스** 02-707-0198

© 류지웅, 오승만 2022

ISBN 979-11-5613-199-1 (73320)

● 이 책 내용의 일부 또는 전부를 사용하려면 반드시 저작권자와 봄나무 양측의 동의를 얻어야 합니다.
● 책값은 뒤표지에 나와 있습니다.

머리말

　인류는 유행성 감염병을 겪으며 나라와 나라의 교류, 사람과 사람의 만남이 끊어지고 있었습니다. 나라와 사람의 활동이 멈추자 경제에는 위기가 찾아왔지요. 그럼에도 인류는 스마트폰과 인터넷 덕분에 만나지 않고도 교류하는 또 다른 방법을 찾을 수 있었어요.

　스마트폰은 나온 지 15년 남짓, 인터넷은 생활에 널리 쓰인 지 30여 년밖에 되지 않았어요. 이 짧은 역사에도 디지털 기술은 세상과 사람들의 삶을 많이 바꿔 놓았습니다. 디지털 기술이 발전하면서 세상에는 공유경제, 구독경제, 플랫폼경제 등이 나타났어요. 언뜻 보면 어려운 경제 용어 같지만 이들 모두 스마트폰과 인터넷이 만든 놀라운 현상들이랍니다.

세상의 모든 것이 디지털과 인터넷으로 설명되는 지금, 구글의 회장이었던 에릭 슈미트는 "인터넷은 사라질 것이다."라고 이야기했어요. 이 말에는 공기와 같은 익숙함에 인터넷은 없는 듯 느껴질 것이라는 뜻이 담겨 있지요.

이 책은 우리가 많이 쓰는 인터넷 서비스 가운데 공유경제의 성격을 가진 것들을 중심으로 다섯 장에 걸쳐 흥미로운 이야기를 들려 줘요.

공유경제는 무엇인지, 왜 나타났는지, 어떤 역사가 있는지, 동서양에서는 어떤 모습으로 사람들과 함께해 왔는지, 왜 다시 관심을 받고 있는지, 어떤 산업에서 어떤 특징으로 사람들의 삶을 편리하게 하는지, 장단점은 무엇이며 생각해 볼 점은 무엇인지 등을 다룹니다. 마지막에는 여러분 또한 공유경제의 참여자로 아이디어를 낼 수 있는 기획안 써 보기도 준비되어 있어요.

스마트폰과 인터넷이 이끌어 가는 디지털 세상에서 보다 현명하게 살아가는 데 이 책이 큰 힘이 되길 바랍니다.

류지웅 (한국공유경제협회 사무국장)

머리말 _4

1장
지금 세상이 달라지고 있어요

01 늘어나는 사람들, 정해진 자원 _10
02 모두를 위한 소비가 필요해 _14
03 어려울 때는 나눔이 최선 _24

2장
공유는 오래전부터 있었어요

01 공유의 첫걸음은 협동과 나눔에서 _34
02 서양에서 만나는 공유의 흔적들 _38
03 한국에 남아 있는 함께의 정신 _42
04 공유는 왜 사라졌을까? _46
05 위기는 세상과 사람들을 바꿔요 _50
06 인터넷이 만든 공유의 세상 _62
07 감염병의 위기가 가져다준 기회 _68

3장
기발한 공유가 좋은 변화를 만들어요

- 01 공유는 얼마나 늘어날까? _78
- 02 IT 기술이 만드는 편리한 공유 세상 _80
- 03 남는 방을 공유해 볼까? _86
- 04 이제는 탈것을 나눌 차례 _90
- 05 사무실 공유도 문제없어 _94
- 06 주방 나눔은 이제 시작 _100
- 07 무엇이든 공유하는 세상 _102
- 08 기업도 공유가 필요해 _108

4장
공유경제가 진화했어요

- 01 공유경제가 일으킨 다양한 경제 _114
- 02 그때그때 모여서 일하자 _긱경제 _118
- 03 생산자와 소비자를 잇자 _플랫폼경제 _122
- 04 우리 모두가 주인 _프로토콜경제 _126
- 05 필요한 것은 다달이 구독하자 _구독경제 _128

5장
공유의 빛과 어둠, 생각해 봤나요?

- 01 옛것과 새것은 공존할 수 있을까? _136
- 02 독점하면 어떤 일이 생길까? _144
- 03 플랫폼만 이익을 가져간다고? _148
- 04 만든 사람 따로, 돈 버는 사람 따로 _152
- 05 진정한 공유는 데이터가 핵심 _158
- 06 한곳에 모이면 불안해 _162

6장
나도 공유경제 사업가 _168

1장

지금 세상이 달라지고 있어요

세상은 지구에 있는 자원을 밑거름 삼아 눈부시게 발전했어요.
눈부신 발전과 함께 부작용도 나타나고 있지요.
기후 변화와 환경 오염은 물론, 사람들의 소득 차이가 바로 그것이에요.
그렇다면 세상의 발전은 자연과 지구에게 계속 부담일 수밖에 없을까요?
지구에게 도움이 되는 경제는 없는 걸까요?

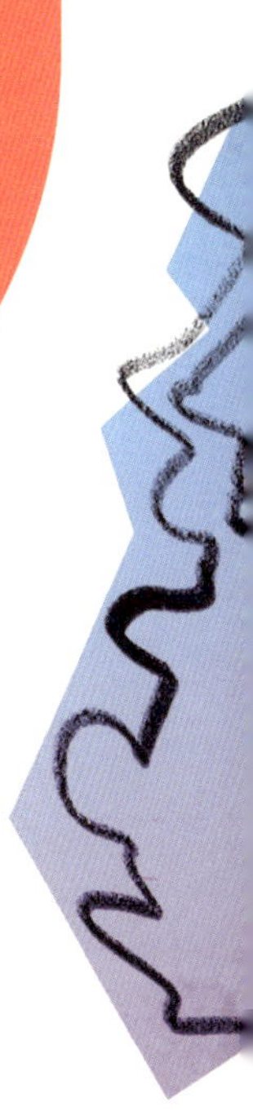

 ## 늘어나는 사람들, 정해진 자원

역사적으로 인류는 자연재해 외에도 온갖 질병과 끔찍한 전쟁을 수없이 겪으며 살아남았어요. 시간이 흐를수록 인류에게 많은 변화가 있었지요. 가장 큰 변화는 수명이 길어졌다는 점이에요. 자잘한 전쟁들이 줄어들면서 목숨을 잃는 사람이 줄었고 의료 기술이 눈부시게 발달하면서 수명이 길어졌어요. 100여 년 전만 해도 태어난 아기가 1년을 살기 쉽지 않았고 60년을 살면 축하할 정도였지요. 그만큼 인류에게 늘어난 수명은 놀라운 일이었답니다.

오늘날에는 수명이 늘고 태어나는 사람의 수도 계속 늘어난 덕분에 전 세계의 인구가 무려 80억 명에 이르렀어요. 2100년에는 약 110억 명으로 더 늘어난다고 해요. 엄청난 수의 사람들이 지구에서 계속 살아가려면 그만큼 먹고, 자고, 입는 데 더 많은 자원이 필요해요. 이렇게 자원을 소비한 만큼 쓰레기는 늘어날 테고 자연 파괴에 따른 기후 변화가 심해질 거예요.

지금껏 인류는 지구에 있는 흙과 물, 석유와 같은 지하자원들 덕분에 눈부시게 발전할 수 있었어요. 문제는 지하자원들의 묻힌 양이 한정되어 있어서 언젠가 바닥을 드러낼 것이라는 점이에요.

자원을 써야만 살아갈 수 있는 사람들, 쓸 수 있는 양이 정해진 자원, 그리고 하나뿐인 지구. 자원을 쓰는 사람들이 계속 늘어나기만 한다면 지구는 망가지고 말아요. 지구에서 더 이상 살 수 없다면 인류는 어디에서 살아야 할까요? 인류는 수많은 별이 펼쳐진 우주로 눈을 돌렸어요. 엄청난 투자를 통해 우주선을 만들고 훈련된 우주인을 보내 드넓은 우주를 탐사했지요.

한국에서도 2008년에 최초의 우주인 이소연 씨가 탄생해 큰 관심을 받았어요. 이 우주인 한 명을 키워 내는 데 약 200억이라는 돈이 들었다고 해요. 그런데 요즘에는 이렇게 어마어마한 돈이 드는 우주 사업을 전기 자동차로 유명한 테슬라와 온라인 쇼핑몰로 유명한 아마존과 같은 세계적인 기업들이 직접 하는 시대가 되었어요. 우주 탐사의 목적은 군사력과 기술력 자랑이나 여행뿐만이 아니에요. 지나친 자원 개발과 환경 오염 등으로 망가진 지구를 떠나 새로운 행성을 찾으려는 목적도 있어요.

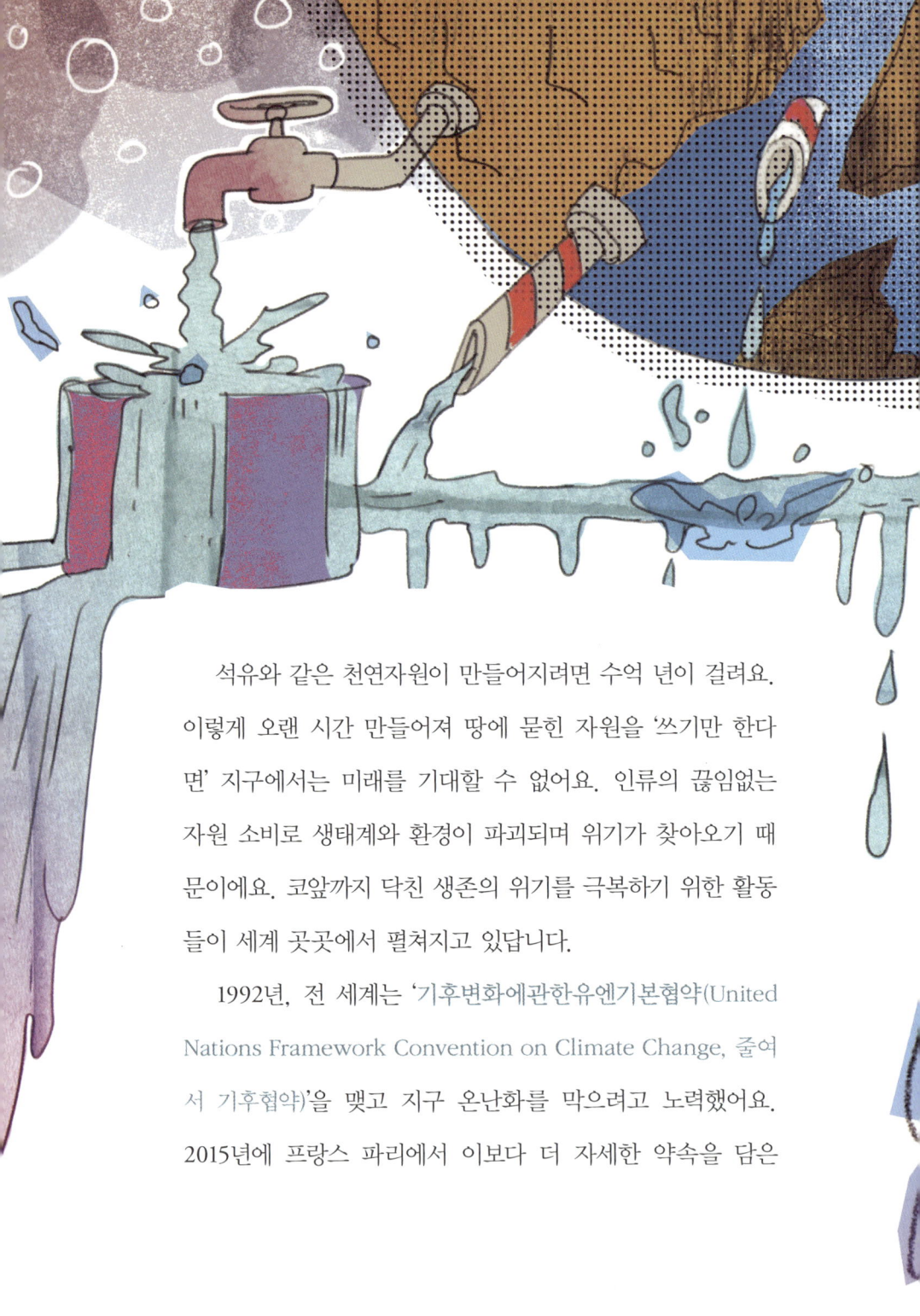

석유와 같은 천연자원이 만들어지려면 수억 년이 걸려요. 이렇게 오랜 시간 만들어져 땅에 묻힌 자원을 '쓰기만 한다면' 지구에서는 미래를 기대할 수 없어요. 인류의 끊임없는 자원 소비로 생태계와 환경이 파괴되며 위기가 찾아오기 때문이에요. 코앞까지 닥친 생존의 위기를 극복하기 위한 활동들이 세계 곳곳에서 펼쳐지고 있답니다.

1992년, 전 세계는 '기후변화에관한유엔기본협약(United Nations Framework Convention on Climate Change, 줄여서 기후협약)'을 맺고 지구 온난화를 막으려고 노력했어요. 2015년에 프랑스 파리에서 이보다 더 자세한 약속을 담은

파리기후협약을 발표했어요. 이렇게 지구를 살리는 행동에 전 세계의 모두가 함께하고 있어요.

나라가 아니더라도 사람들 한 명, 한 명이 할 수 있는 작은 실천들도 많이 있어요. 일회용 쓰레기를 줄이기 위해 포장지를 쓰지 않는 일, 텀블러와 같은 용기를 직접 가져가는 일, 음식물을 남기지 않는 일, 재활용 분리수거처럼 생활에서 실천할 수 있는 일들이 많이 있답니다. 그리고 사람들은 물건을 구입하고 사용할 때도 지구와 환경을 생각하는 '똑똑한 소비'에 눈을 뜨기 시작했어요.

02 모두를 위한 소비가 필요해

　미국에서 활동하던 한 블로거는 쓰레기를 주제로 다룬 책과 다큐멘터리를 보고 큰 충격을 받았어요. 무심코 해 왔던 행동들이 많은 쓰레기를 만들어 인간을 고통스럽게 하고 지구를 망가트리고 있다는 사실을 깨달았기 때문이에요.

　그는 지구를 예전처럼 아름답고 깨끗하게 되살리려면 쓰레기를 줄여야 한다고 생각했어요. 그리고 생활에서 쓰레기를 줄이는 효과적인 다섯 가지 원칙을 블로그에 올려서 함께 실천하자고 권했답니다. 의미 있는 메시지가 담긴 그의 글들은 사람들에게 큰 관심을 받았어요.

쓰레기를 줄이는 효과적인 5R 원칙

1. 필요하지 않다면 거절하기(Refuse)
2. 필요하지만 거절할 수 없다면 줄이기(Reduce)
3. 써야 하지만 거절하거나 줄일 수 없다면 다시 사용하기(Reuse)
4. 거절하거나 줄일 수 없다면 재활용하기(Recycle)
5. 나머지는 썩히기(Rot)

블로거가 권한 다섯 가지 실천법은 사람들에게 '제로 웨이스트(Zero Waste)'로 널리 알려졌어요. 제로 웨이스트를 알린 이 블로거는 '비 존슨(Bea Johnson)'이라는 사람이에요. 제품을 만들 때부터 쓰레기가 생기지 않도록 하자는 제로 웨이스트 운동은 환경 오염이 심각한 오늘날에 큰 관심을 받고 있어요.

기업은 석유와 광물, 나무 등의 천연자원으로 제품을 만들어요. 사람들은 기업에서 끊임없이 만들어진 수많은 먹거리, 화장지, 옷 등을 사서 쓰고 있지요. 여러분의 집에도 자세히 살펴보면 언제 샀는지 모르는, 거의 쓰지 않는 물건들이 꽤 많다는 것을 발견할 수 있을 거예요. 분리수거장이나 재활용품 수거함에서도 새것 같은 가구들이나 전자 제품들을 쉽게 찾아볼 수 있어요. 비 존슨의 제로 웨이스트 운동이 쓰지 않거나 버려지는 물건이 많은 오늘날에 주목받는 것은 당연한 일인지도 모르겠어요.

쓰레기를 만들지 않으려면 물건을 버리지 않는 일만큼이나 필요하지 않은 물건을 사지 않는 일도 중요해요. 물건을 사기 전에 얼마나 자주 사용할지, 필요할 때만 잠깐 빌릴 수는 없는지, 중고로 살 수 없는지 따져 보세요. 그런데 중고로 사거나 빌리고 싶어도 어떤 사람이 필요한 물건을 가지고 있는지 알 수 없어요. 또 빌려줄 마음이 있는지도 알 수 없지요. 반대로 여러분이 가진 물건을 빌려주고 싶어도 누구에게 필요한지 알 수 없다는 문제도 있어요.

요즘에는 여러분이 자주 쓰는 다양한 웹 사이트나 애플리케이션을 이용하면 이런 문제를 간단하게 해결할 수 있어요. 웹 사이트와 애플리케이션에서 빌려줄 사람과 빌릴 사람을 쉽게 만날 수 있고 물건을 나눌 수 있답니다. 이처럼 사용하지 않는 물건을 서로 나누고 빌려 쓰는 경제를 '공유경제(Sharing Economy)'라고 해요. 필요할 때, 필요한 만큼만 빌려 쓰는 똑똑한 경제 활동이지요.

여러분은 물건을 꼭 사지 않아도 '대부분 빌려 쓸 수 있는 시대'를 살고 있어요. 제품을 생산하기 위해 자원을 계속 사용하지 않아도 되고 물건을 사지 않고 빌려쓰기 때문에 비용도 적게 들어요. 누가 사용할 수 있는지가 중요하기 때문에 오늘날을 가리켜 '소유의 시대'가 아

니라 '경험의 시대'가 왔다고 말하기도 해요.

미국 하버드대학교의 마틴 와이츠먼(Martin Weizman) 교수는 논문 〈공유경제, 불황을 정복하다(The Share Economy, Conquering Stagflation)〉에서 공유경제의 뜻을 이렇게 정리했어요.

"어떤 상품을 여러 사람이 나누어 쓰며 누릴 수 있는 경제."

공유경제는 2000년대 후반까지 사람들에게 관심을 끌지 못했어요. 왜 그랬을까요?

옛날에는 농작물을 수확하고 저장해서 다음 해의 추수 전까지 먹던 농경 사회였어요. 시간이 흐른 뒤 농경 사회는 사람의 노동력 대신 기계가 공장에서 물건을 쉼 없이 만드는 사회로 바뀌었어요. 공장에

일손이 필요해지자 사람들은 일자리를 찾아 공장들이 많은 도시로 이동해 왔어요.

도시에 있는 집은 한정되어 있었고 모여든 사람의 수보다 훨씬 적었어요. 집을 사려는 사람들이 많아지면서 집값이 빠르게 오른 덕분에 집이 있는 사람들은 많은 돈을 벌 수 있었어요. 이후 사람들은 힘들게 일해서 돈을 벌기보다 땅이나 건물을 '가져야만' 많은 돈을 쉽게 벌 수 있다고 생각했어요. 이 모두가 산업화와 도시화를 거치면서 달라진 생활 모습이에요.

2000년대에 들어서면서 소유에 관한 생각들이 조금씩 달라졌어요. 사람들은 발달한 통신과 인터넷을 통해 좋은 것과 재미있는 것, 서로 다른 생각을 공유했어요. 어떻게 살아야 가치 있는 삶인지 함께 고민하고 같이 행동하는 소통 문화가 인터넷을 통해 퍼져 나가며 변화

가 시작되었답니다. 전 세계의 인터넷에서 이루어지는 모금이나 다양한 챌린지를 보면 공유의 힘을 느낄 수 있어요. 뜻깊은 행동들과 가치가 인터넷을 통해 사람들에게 빠르게 퍼져 나가며 '공유의 문화'가 자리 잡았어요. 2008년에 미국 스탠퍼드대학교의 로렌스 레식(Lawrence Lessig) 교수는 《리믹스(Remix)》라는 책에서 공유경제를 이렇게 정리했어요.

"돈을 주고받지 않고 사람과 관계를 배려하면서 느끼는 만족감을 얻고자 재화와 서비스를 주고받는 경제."

로렌스 레식 교수는 공유의 대표적인 사례로 위키피디아(Wikipedia)를 들었어요. 인터넷 사이트(특히 구글)에서 무언가를 검색하면 위키피디아의 내용이 제일 위에 나타나는 경우가 많아요. '위키백과'라고도 불리는 위키피디아는 누구나 자유롭게 설명을 덧붙이고

위키피디아

네이버 지식iN

오픈 소스 사이트

다양한 언어로 내용을 추가할 수 있어요. 2001년, 인터넷 사업가 지미 웨일스가 만든 이 웹 사이트에 많은 사람이 정보를 기록했어요. 기록한 수많은 정보가 모여 모두가 볼 수 있는 백과사전으로 태어났어요.

 위키피디아는 다수의 사람이 모은 지식이 소수의 엘리트가 지닌 지식보다 뛰어나다는 사실을 보여 줘요. 위키피디아에 내용을 덧붙이는 사람들은 아무런 대가를 바라지 않아요. 게다가 나누는 지식이 최고의 정보가 되도록 조금씩 도움을 주려는 선한 참여가 위키피디아를 날마다 새롭게 바꾸고 있지요. 누군가 시키지 않았는데도 모든 사람의 지식이 한곳에 쌓여 날마다 새로운 정보로 바뀐다는 사실이 놀랍지 않나요? 이렇게 수많은 사람의 지식들이 모여 엄청난 지식을 만드는 것을 '집단 지성(集團知性, Collective Intelligence)'이라고 해요. 위키피디아는 인터넷에서 만들어진 집단 지성의 가장 대표적인 사례라고 할 수 있지요.

많은 사람이 참여하는 위키피디아와 같은 예는 인터넷에서 더 찾아볼 수 있어요. 네이버의 지식IN, 온라인 커뮤니티에서의 서로 묻고 답변하기, 직접 개발한 웹 프로그램 소스를 누구나 쓸 수 있도록 하는 오픈 소스 운동, 크롬이나 모질라와 같은 웹 브라우저(웹 서비스를 사용하기 위해서 필요한 프로그램)의 기능을 좋게 바꾸는 개발자 모임 등이 좋은 예예요. 대가를 바라지 않고 함께 만들어 가는 정보는 지금도 누구나 참여하고 끊임없이 공유되고 있어요.

많은 사람이 나누는 '오픈 소스'와 반대의 개념도 있어요. 바로 '특허'예요. 처음 만든 사람이 등록한 특허를 다른 사람이 사용하려면 허락을 받아야 해요. 그 허락이 바로 '돈'이에요. 기업이나 발명가가 공들여 만든 제품을 누구도 따라 하지 못하게 한다는 점이 오픈 소스와 확실하게 다르지요?

우리나라는 오픈 소스 운동의 역사가 깊은 나라예요. 세종대왕이 만드신 놀라운 한글에서 그 흔적을 찾아볼 수 있지요. 누구나 한글을 읽고 쓰지만 사용하는 데 돈을 내지 않아요. 말은 있지만 글자가 없는

민족이나 나라에서는 한글을 공용 문자로 사용하기도 해요. 물론 한글을 쓰는 나라에서는 한국에 돈을 내지는 않고요.

오픈 소스와 비슷하면서도 다른 개념이 또 있어요. 시골 마을의 공동 빨래터, 우물, 마을 회관, 마을 도서관, 마을 놀이터 등도 함께 만들고 사용한다는 점에서 비슷해요. 이런 곳들은 처음에 한 사람이 돈을 들여서 만들고 누구든 써도 좋다고 기부하는 시설들이 아니에요. 마을 전체가 쓰기 위해 모두가 함께 만들고 마을 사람들이 모두 사용하지요.

시간이 흘러 농경 사회에서 산업 사회로 시대가 바뀌며 주민들이 참여하여 하던 일은 나라와 정부 기관이 맡았어요.

    정부는 거두어들인 세금으로 모든 국민이 사용할 수 있는 도로나 공공시설을 만들어요. 국민들이 적게 또는 많이 낸 세금으로 만들어서 모두가 사용할 수 있는 재화를 '공공재'라고 해요. 국방(군인), 치안(경찰), 교육, 발전소, 도로, 하천 등이 공공재의 좋은 예예요. 공공재는 모두의 것이기 때문에 여기에서 말하는 공유와는 차이가 있답니다.

03 어려울 때는 나눔이 최선

    브라이언과 조는 미국 북동부에 있는 도시 프로비던스(Providence)에서 대학을 같이 다닌 친구예요. 세계를 덮친 금융 위기가 한창이던 2007년 10월, 두 사람은 미국의 서쪽에 있는 도시 샌프란시스코에 있었어요. 어느 날, 집주인이 월세를 1150달러로 올려 달라고 했어요. 약 1000달러 정도밖에 없었던 그들은 부족한 월세를 마련하기 위해 고민 끝에 이런 아이디어를 떠올렸어요.

    '잘 쓰지 않는 거실을 방처럼 묵을 수 있게 내놓으면 어떨까? 거기에 캠핑용 공기 침대(Air Mattress)를 놓고 아침 식사를 주면서 싸게 숙박비를 받는다면 손님이 있지 않을까?'

    그러고는 실제로 숙박을 예약할 수 있는 간단한 웹 사이트를 만들었어요. 사이트에는 자신들의 거실 사진과 함께 머물 손님을 구한다는 내용을 올렸어요. 때마침 샌프란시스코에서는 국제 디자인 대회가 열릴 예정이었어요. 전 세계에서 온 수많은 사람이 이 국제 대회에 참가하러 모여들고 있었지요. 브라이언과 조는 주변에 숙박 시설이 부족해서 방을 구하지 못한 사람들이 분명히 있을 것이라고 생각했답니다. 디자인 분야에서 일하는 지인들에게 도움을 받아 대회 참가자들을 겨냥해 멋지게 광고도 했어요.

결과는 어땠을까요? 숙박비 80달러를 내고 예약한 손님이 정말 있었어요. 브라이언과 조는 이렇게 숙박비를 받아 모자란 월세를 낼 수 있었답니다. 이후 그들은 이 경험을 살리면 아주 훌륭한 사업을 할 수 있겠다고 생각했어요. 집에 남는 방이 있는 사람은 누구나 필요한 사

람에게 방을 빌려주고 돈을 벌 수 있게 하면 모두가 만족할 수 있겠다고 봤지요. 이후 프로그래머인 네이선도 두 사람과 함께 일하기로 했어요.

2008년에 그들은 '공기침대와아침식사(에어비앤비, AirBed& Breakfast)'라는 재미있는 이름을 가진 회사를 세워 사업을 시작했어요. 그리고 빈방을 내놓을 집주인과 주소, 가격, 사진 등의 정보를 쉽게 살펴보고 예약할 수 있도록 인터넷에 웹 사이트를 만들었어요. 이렇게 빌려주는 사람과 빌리는 사람을 이어 주는 웹 사이트나 애플리케이션을 '공유경제 플랫폼(Sharing Economy Platform)'이라고 불러요.

'플랫폼'은 원래 기차역을 가리키는 말이에요. 기차역에는 여러 곳으로 가는 기차들과 기차를 타려는 사람들, 먹거리와 여행 정보 등이 모여 있어요. 기차와 여행객을 이어 주는 플랫폼처럼 공유경제 플랫폼도 사람과 사람, 사람과 물건을 연결해 주고 있어요. 공유경제 플랫폼은 웹과 애플리케이션에서 원하는 서비스를 받은 사용자에게 돈을 받아요. 공유경제 플랫폼 회사는 이렇게 번 돈으로 사용자들이 더 편하

고 안전하게 거래할 수 있도록 다양한 기능을 더해 플랫폼을 더 좋게 바꾸어요.

이런 공유경제 플랫폼 기업들은 미국의 실리콘밸리를 중심으로 2000년대 후반에 탄생한 기업들이 많아요. 대체 무엇 때문일까요?

2007년과 2008년의 미국은 금융 위기를 맞아 경제가 좋지 않았어요. 창업 도시 실리콘밸리에는 웹디자이너, 웹개발자, 기획자가 일하는 애플, 구글, HP 등의 IT 기업들이 많았어요. 미국은 개발자나 디자이너 등이 온라인 커뮤니티와 파티 등에서 만남을 자주 갖는다는 문화적 특징이 있어요. 덕분에 몇 사람이 모이면 멋진 아이디어들이 나오고 이를 바로 실행하기도 좋은 환경이었답니다. 이와 같은 미국에서 에어비앤비와 같은 공유 기업이 나타난 일은 자연스러운 결과예요.

월세를 걱정할 만큼 급한 상황이었던 브라이언과 조는 디자인과 IT

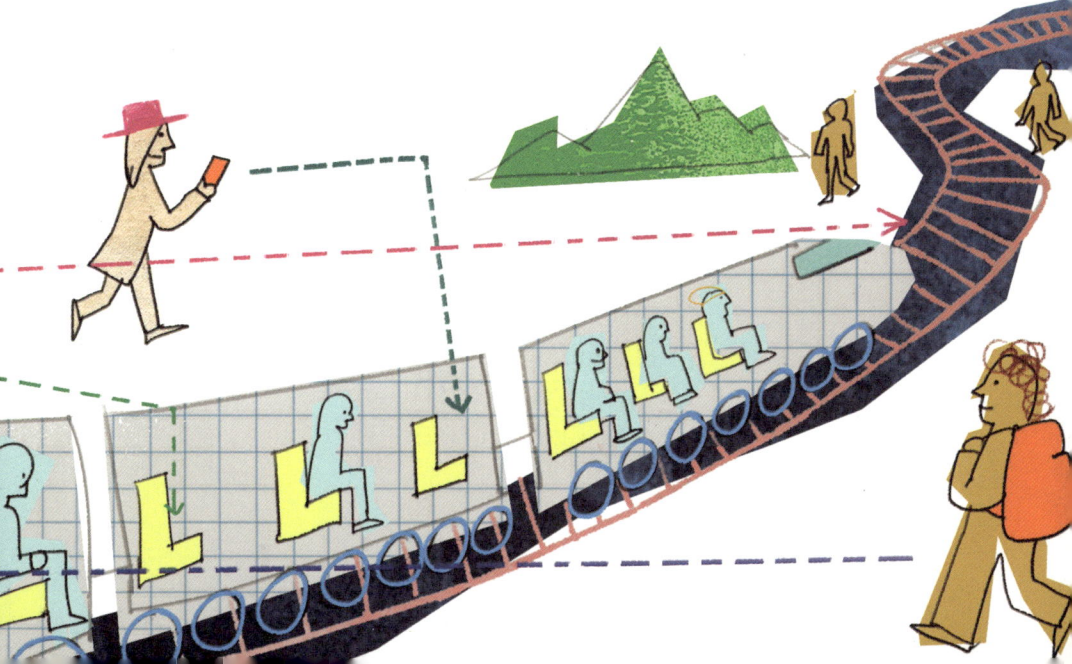

기술을 잘 다룰 줄 아는 사람들이었어요. 그들은 실리콘밸리의 숙박 시설이 부족하다는 지역적 특성을 이용해 남는 자원을 효과적으로 나눌 방법을 IT 기술로 실현해 사업 성공을 이루어 냈어요.

쓰지 않는 자원은 그대로 두면 버려지지만 필요한 누군가에게 돌아가면 새로운 가치가 생겨요. 필요 없는 물건을 가진 사람과 그 물건이 필요한 사람을 연결하면 양쪽이 만족할 수 있어요. 오늘날에는 인터넷을 통해 사용자와 물건을 연결하는 서비스가 사람들에게 널리 퍼지면서 플랫폼이 더 크게 성장하고 있어요. 그렇다면 모르는 사람끼리 어떻게 믿고 거래할 수 있을까요? 실제로 인터넷 중고 거래에서는 돈만 받고 물건을 보내지 않거나 가짜 상품을 보내는 일들이 벌어지고 있어요. 공유경제는 거래하는 사람들끼리 서로를 어떻게 믿느냐가 중요해요. 실제로 에어비앤비는 사람들이 믿고 거래할 수 있도록 다양한 IT 기술을 만들고 있어요. 이를테면 현관문의 잠금장치를

스마트폰과 연결하여 숙박객의 스마트폰으로만 열 수 있게 해 준다거나 스마트폰으로 청소를 신청하면 외출했을 때 청소해 주는 기술을 예로 들 수 있어요. 또 숙박객들에게 자세한 리뷰를 남기게 해서 다른 사용자가 믿고 이용할 수 있게 도와주고 있답니다. 요즘에는 숙박뿐만 아니라 자동차에서도 믿을 수 있는 공유가 이루어지고 있어요. 그 이야기를 볼까요?

　2009년에 세워진 우버캡(UberCab)은 지금의 우버와는 달랐어요. 처음의 우버캡은 이용자에게 일반 택시보다 비싼 고급 택시를 보내 주는 서비스를 선보였어요. 우리나라의 카카오택시나 UT(티맵택시)와 같은 서비스였지요. 이전처럼 택시 회사에 전화하거나 길에서 택시가 올 때까지 기다리지 않아도 되니 우버캡에 손님들이 몰렸어요. 일거리가 줄어든 일반 택시기사들은 거세게 항의했어요. 택시기사들과의 갈등이 이어지자 우버캡은 승객과 택시기사를 연결해 주는 서비스로 바꾸었어요. 택시든 자가용이든, 차가 있는 운전자라면 누구든 승객을 받을 수 있도록 서비스를 넓혔지요. 우버캡이 우버로 변신하면서 누구나 차를 공유해 승객을 태우고 돈을 벌 수 있는 서비스가 사람들에게 퍼졌답니다. 경제가 어려워지면서 운전자는 비슷한 방향으로 출퇴근하는 사람을 태워 주며 돈을 벌 수 있었어요. 사용자 또한 택시보다

 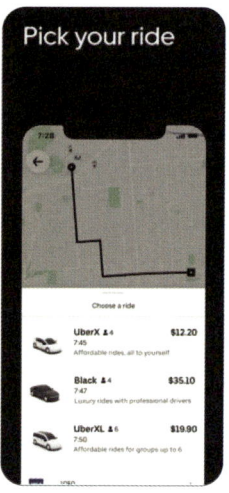 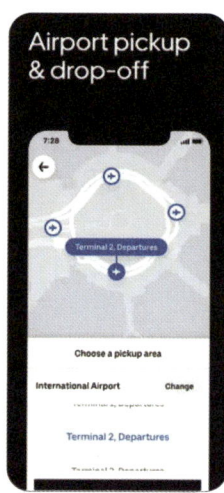

우버

값싸게 이용할 수 있다는 장점이 있었지요. 이렇게 우버는 점차 큰 인기를 끌었어요.

우버를 이용했을 때 좋은 점들은 또 있어요. 먼저 기사에게 목적지를 외국어로 설명하지 않아도 돼요. 또 앱에 입력한 신용 카드가 자동으로 요금을 계산해 주어 지불에 번거로움이 없어요. 스마트폰 지도로 이동 경로도 확인할 수 있어 안전하기도 하고요.

스마트폰이 없던 시절에는 외국에 나가면 지도를 들고 버스 정류장을 찾아 헤매야만 했어요. 어렵게 택시를 잡더라도 익숙하지 않은 영어로 목적지를 힘들게 설명해야 했어요. 제대로 소통되지 않으면 엉뚱한 곳으로 가기도 했고 도착했어도 빠른 길로 왔는지 멀리 돌아왔는지 알 수도 없었지요. 이런 불편함은 우버가 생긴 뒤로 눈에 띄게

카카오택시

줄었어요. 현재 우버는 약 70여 개의 나라, 900여 개의 도시에서 널리 쓰이고 있어요. 최근에는 유행성 감염병으로 접촉을 꺼려 이용자들이 줄자 차량 배달도 시작했어요. 우버는 기존 택시 회사들과의 마찰, 승객과 운전자 사이에서 생긴 여러 사건 등으로 한국에서는 철수했지만 이후로도 에어비앤비와 함께 대표적인 공유경제 기업으로 성장하고 있어요. 사람들이 서로 믿고 거래하게 해 주는 다양한 공유경제의 아이디어들은 인터넷과 스마트폰 덕분에 세상의 생활 방식을 바꿔 가고 있답니다.

공유는 오래전부터 있었어요

공유경제는 필요한 사람과 물건, 가치를 나눔으로써 자원을 아끼고 환경을 보호하는 데 큰 역할을 하고 있어요. 플랫폼에서 주고받는 공유경제의 아이디어들은 '함께와 나눔의 정신'을 바탕으로 해요. 이 정신은 아주 먼 옛날부터 사람들의 곁에 있었답니다.

01 공유의 첫걸음은 협동과 나눔에서

　대부분의 포유류(젖을 먹는 동물)는 어미의 배 속에서 태어나기 무섭게 스스로 젖을 찾아 먹을 수 있는 능력을 가지고 태어나요. 포유류에서 오직 인간만이 어미가 돌보지 않으면 아무것도 할 수 없는 약한 상태로 태어난답니다. 어른이 되어도 호랑이나 사자와 같은 맹수와 맞서거나 스스로를 지킬 힘도 없어요. 달리기가 빠르지도 않고 나무를 잘 타지도 못하며 날지도 못해요. 잡아먹기 위해 호시탐탐 틈을 노리는 짐승들과 험한 자연에서 살아남으려면 인간들은 자연스레 무리 지어 살아야 했답니다. 무리에는 남자와 여자, 어린이와 노인이 있었어요. 인류학자들에 의하면 20~30명 정도로 무리를 이루었다고 해요.

남자들은 돌이나 나무로 만든 무기와 도구를 가지고 큰 동물들을 사냥하러 다녔어요. 몇몇이 함께 몇 날 며칠을 사냥하러 떠돌아다녔지만 성과는 좋지 못했어요. 밀림의 왕인 사자도 사슴이나 가젤, 얼룩말을 사냥할 때 성공률이 20%도 안 된다고 해요. 시속 80킬로미터로 달리면서 한 번 물면 절대 놓지 않는 엄청난 이빨과 날카로운 발톱이 있는 사자도 그러한데 먼 옛날의 인류는 오죽했을까요? 돌멩이나 몽둥이를 들고 뛰는 원시인들의 사냥 실패는 당연했어요.

동물들을 사냥해 오기만을 기다리던 여자와 어린이, 노인 들은 무엇을 했을까요? 사냥에서 남자들이 오랜 기간 돌아오지 않더라도 먹을 수 있는 열매들과 식물들을 모으러 다녔어요. 그리고 주변에 어떤 열매가 익고 있는지, 언제쯤이면 열매를 딸 수 있을지를 함께 살폈어요. 이처럼 원시 시대의 인류는 거친 환경과 위험한 맹수에게서 살아남기 위해 무리를 지어 살아야 했어요. 당시 인류에게는 태어나서 죽을 때까지 '소유'라는 개념이 없었을 거예요. 온갖 위험이 도사리는 환경에서 살아남으려면 사람들과의 '협력'과 '공유'만이 중요한 가치였을 테니까요.

'소유'는 인류가 숲에서 초원으로 나와 살면서 생겼다고 할 수 있어요. 열매들을 함께 따고 나누어 먹던 행동에도 변화가 생겼어요. 사는 곳 주변에 씨앗들을 심고 농사를 지으면서부터 정성껏 키워 얻은 농작물을 저장하는 '소유'가 생겨나기 시작했거든요. 정해진 때가 아

니면 열매는 쉽게 얻을 수 없어요. 또 어렵게 얻은 열매를 1년 내내 먹으려면 쥐나 해충에게서 잘 지키고 간직해야 했어요. 이렇게 인류에게는 저장과 소유의 개념이 자리 잡히기 시작했어요.

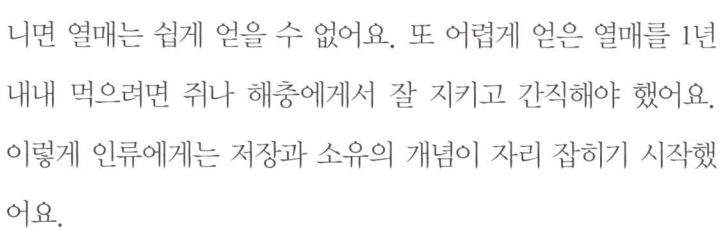

나눔

02 서양에서 만나는 공유의 흔적들

무리 지어 함께 사냥하고 모은 열매를 나누어 먹던 사람들은 농사를 지으면서 땅에 자리를 잡았어요. 도구를 쓴 덕분에 농사나 사냥에서의 수확이 많이 좋아졌지요.

시간이 흘러 사람들의 무리는 마을로, 마을은 도시로, 도시는 나라로 발전했어요. 이와 함께 농업과 상업이 발달하며 귀족과 지주, 평민과 같은 '계급'이 생겼답니다. 권력을 가진 귀족과 지주에게는 드넓은 땅이 있었어요. 평민들은 귀족과 지주에게 땅을 빌려서 농사를 지으며 살아갔어요. 열심히 일해서 얻은 수확물을 귀족이나 지주, 나라에 세금으로 빼앗기고 근근이 먹고살아야 했지만요.

오늘날의 민주 사회와 비교했을 때 중세 사회에서 약자는 살아남기가 힘들었어요. 힘과 돈이 있는 사람들이 그렇지 않은 사람들을 마구 부려서 빼앗는 야만의 시대였거든요. 평민들은 귀족이나 지주의 명령에 따르지 않으면 목숨이나 가진 것을 빼앗겨야 했어요. 힘이 약한 평민들은 자연스럽게 힘 있는 귀족과 지주에게서 자신들을 지키기 위해 무리를 이루었어요.

당시 귀족이 아닌 보통 사람들의 집에는 빵을 굽는 화덕은 물론, 부엌조차 없었다고 해요. 빵은 180℃에 다다르는 뜨거운 불이 있어야만 만들 수 있었어요. 강한 불을 피워 빵을 구우려면 벽돌로 된 화덕과 함께 땔감으로 쓸 나무가 많이 필요했지요. 중세의 영주들은 개인 화덕을 쓰지 못하게 했어요. 결국 마을에서는 공동 화덕을 만들어 사용할 수밖에 없었답니다. 빵을 주로 먹던 서양에서는 마을마다 있던 공동 화덕이 빵집으로 발전했다고 해요. 화덕을 함께 쓰는 공동 문화는 직업별 모임인 '길드(Guild)'라는 공동체로 발전했어요. 수공업자들의 길드나 상인들의 길드 등이 대표적이에요.

길드는 시간이 더 흐르고 우리나라의 농업 협동조합처럼 직업인들끼리 정보를 나누고 모두의 이익을 위해서 움직이는 조직이 되었어요. 대표적으로 미국의 오렌지 생산자들이 모여 같은 브랜드를 사용하는 '썬키스트', 축구 팬들이 모여서 만든 'FC바르셀로나', 프랑스의 가장 큰 은행인 '크레디아그리콜' 등이 있어요. 이처럼 어느 시대든 뭉치면 살고 흩어지면 죽는다는 말은 진리인 것 같아요.

화덕이나 길드에서 볼 수 있었던 공동체의 정신은 시간이 흐른 뒤

공유경제의 또 다른 모습으로 나타났어요. 이는 제2차 세계 대전이 한창이던 때, 23세였던 여성 끼아라 루빅(Chiara Lubich)이 친구들과 함께 벌인 뜻깊은 운동에서 두드러졌답니다. 그녀는 전쟁으로 많은 것을 잃고 가난해진 사람들을 보고 이렇게 생각했어요.

'처참한 전쟁에서도 모든 사람이 희망을 가질 수 있도록 하느님의 사랑을 나눔과 섬김으로 보여 주자.'

이탈리아어로 '벽난로'를 뜻하는 이 포콜라레(Focolare) 운동은 제2차 세계 대전 이후부터 사람들에게 퍼져 나갔어요. 이 운동에서 공유경제가 시작되었다고 해요. 이후 1991년에 끼아라 루빅 여사가 방문한 브라질에서 빈부 격차를 보고 이탈리아어 '모두를 위한 경제(Economia di Comunione,

Economy of Communion)'에서 '공유경제'라는 말이 나왔다고 보기도 해요.

　신실한 가톨릭 신자인 끼아라 루빅 여사와 친구들이 시작한 이 운동은 가난한 이들을 나눔으로 돕고자 시작되었어요. 시간이 지날수록 함께하는 사람은 수백만 명으로 늘어났답니다.

　오늘날에는 이탈리아, 아르헨티나, 필리핀 등에서 활발하게 이 운동이 펼쳐지고 있어요. 가톨릭교를 중심으로 한 종교 문화 운동으로도 이어지고 있고요. 이 운동 덕분에 하나 된 사회를 만들고 가난을 뿌리 뽑으려는 노력들이 늘어갔어요. 또 세계적으로 인정받는 사회단체(NGO)까지 생겼답니다.

 ## 한국에 남아 있는 함께의 정신

    함께 힘을 모으던 공동 문화는 서양에만 있지 않아요. 오히려 서양보다 우리나라에서 그 흔적을 잘 찾아볼 수 있어요.

    농사를 많이 지었던 조선에서는 '품앗이'와 '두레'에서 공동 문화를 엿볼 수 있어요. 기계가 없던 옛날에는 혼자서 농사짓지 못했어요. 그래서 힘든 일을 여럿이 나눠 하는 '품앗이'가 더없이 중요했지요. 사람들은 서로 농사를 도와줘도 돈을 주지 않았지만 "이번에 내 일을 도와주면 다음에는 내가 네 일을 도와줄게."라는 약속으로 노동력을 서로 나누었어요. 여기에서 '믿음'만으로 서로를 도왔다는 점을 눈여겨보아야 해요.

    조선 시대에는 품앗이가 아닌 또 어떤 곳에서 공동체 정신을 찾을 수 있을까요? 바로 '두레'예요. 두레는 농촌에서 농사일을 함께하기 위하여 마을 단위로 만들어져 품앗이보다 더 크기가 큰 조직이었어요. 조선 후기에 싹이 튼 모를 논으로 옮겨 심는 이앙법이 퍼지면서 두레도 함께 자리 잡았답니다. 두레는 서로 돕고(상호 부조), 함께 즐기고(공동 오락), 함께 일하는(협동 노동) 목적이 있어요. 집집마다 다른 크기의 땅과 노동력에 따라서 나중에 돈을 계산하여 주고받는 공동 노동이었어요. 농사일이 중요했던 우리나라에서 공동 노동은 이처럼 오랫동안 농촌 경제에 뿌리박혀 있었어요. 오늘날에도 농촌에 가면 마을 사람들끼리 농사에 필요한 비싼 기계들은 나눠 쓰거나 모내기와 추수철에 힘을 합쳐 일하는 모습을 볼 수 있어요.

조선 후기의 다산(茶山) 정약용 선생은 공유의 의미를 사람들에게 널리 권한 학자예요. 유배지에서 자녀들에게 보낸 편지에 선생이 말하는 공유의 정신이 잘 드러나 있답니다.

"생김이 있는 것은 사라지기 쉽지만 생김이 없는 재산은 사라지기 어렵다. 누군가 자신의 재물을 쓴다면 물질적으로 쓰는 것이다. 자신의 재물을 다른 사람에게 쓴다면 정신적으로 베푸는 것이다."

"물질을 가지고 누리면 사라지는 때가 있다. 물질을 정신적으로 가지고 누리면 변화와 없어짐을 피해 간단다."

선생의 말에는 물건을 나누면서 함께 쓴다면 오랫동안 많은 이에게 도움이 되고 가치가 이어진다는 뜻이 있어요. 소유는 한계가 있지만 공유는 계속될 수 있다는 의미이기도 해요. 이처럼 오랜 시간 우리 민족에게 이어져 내려온 나눔의 가치는 'IMF 외환 위기'의 순간에서도 빛을 발했어요.

1997년, 우리나라는 IMF(국제통화기금)에게 자금을 빌려야 할 만큼 경제 상황이 나빴어요. 기업이 수많은 노동자를 해고하면서 수많은 가장이 직장을 잃었어요. 나라와 기업이 흔들리자 국민들은 위기를 벗어나기 위해 쓰는 돈을 줄이며 허리띠를 졸라매야만 했어요. 그리고 '아나바다 운동'을 벌였어요. 아나바다는 "아껴 쓰고, 나눠 쓰고, 바꿔 쓰고, 다시 쓰자."의 줄임말이에요. 사람들은 아나바다 장터에 나온 쓰지 않는 물건들을 돈이나 물건으로 바꾸어 가져갔어요.

공동체와 공유의 정신은 우리 민족에게 고유한 아름다운 전통과 같아요. 오래전부터 우리나라 사람들의 의식 깊은 곳에 함께 나누는 습관과 생각이 자리하고 있기 때문이에요.

여러분이 쓰는 말에서도 공동체의 정신을 찾아볼 수 있어요. '우리 엄마, 우리 집, 우리 아들, 우리 딸'처럼 '우리'를 어디에나 붙여서 사용하지요. 영어에서는 '내 집, 내

아들, 내 아내'라고 하는 것과 비교되지요? 인사에서도 우리는 "안녕하세요? 식사는 하셨어요?"라고 상대에게 안부를 물으며 인사해요. 이와 달리 영어는 "Good Morning?((나는) 좋은 아침이네?)"이라고 하지요. 이를 통해 우리 민족이 '우리'라는 공동체와 나눔을 얼마나 중요하게 생각하고 있는지 알 수 있어요.

04 공유는 왜 사라졌을까?

오래전부터 이어져 온 공동체와 공유의 정신은 산업화 시대에 들어서면서 갑자기 사라졌어요. 무슨 일이 있었기에 공동체와 나눔의 정신이 사라졌을까요?

산업화 시대는 증기 기관이 발명되고 도시에 공장들이 들어서면서 대량 생산이 이루어지던 때였어요. 이전의 농경 사회에서는 인간과 동물의 힘으로 농사짓거나 사냥하고 필요한 물건을 직접 만들며 나누면서 살아갔어요. 문명과 기술이 발달하면서 기계가 사람의 노동력을 대신하며 상황이 달라졌답니다.

증기 기관은 말과 소, 인간의 노동력을 대신하는 놀라운 발명품이에요. 증기 기관 이후로도 자동차와 전기 등이 줄줄이 발명되면서 사

람의 힘을 사용하지 않아도 물건을 쉼 없이 만들 수 있는 산업 사회로의 발전은 더욱 빨라졌어요. 기계가 없던 시절에는 사람들끼리 자연스레 노동력을 빌리고 빌려주며 서로 돕는 방법들이 흔했어요. 시간이 흘러 쉬지 않고 일하는 기계가 나타나면서 사람들은 협력하거나 협동할 필요가 없어졌어요. 공동체와 공유의 문화는 자연스럽게 사라질 수밖에 없었겠지요?

 일자리를 찾아 나선 사람들은 공장들이 늘어선 도시로 모여들었어요. 그리고 공장에서 기계를 돌리며 맡은 일만 반복하는 일에

익숙해졌지요.

　도시에는 많은 사람이 모여들고 생활할 아파트들과 빌딩들이 빼곡히 세워졌어요. 높디높은 건물들, 소통과 관계를 가로막는 콘크리트 벽들이 도시를 채워 갔어요. 좁아진 도시에 너무 많은 사람이 빽빽이 모여들면서 정이나 따뜻함은 사라지고 모든 것에 무관심해져 갔지요. 심지어 같은 아파트에 살아도 누가 이웃인지 모르고 알 필요도 없는 삭막한 도시로 바뀌었어요. 정이 넘치는 시골처럼 이웃과 물건을 나눠 쓰거나 서로의 일을 돌아가면서 돕는 공동체 문화는 이렇게 사라졌답니다.

　온갖 기계가 나타난 산업화는 사람들의 삶을 편리하게 바꾸었어요. 동시에 따뜻한 나눔의 가치를 잊게 했어요. 그리고 소유에서 비롯한 새 물건에 대한 '욕심과 낭비'라는 결과를 가져왔어요.

05 위기는 세상과 사람들을 바꿔요

산업화로 사라졌던 공유경제는 어떻게 다시 나타났을까요? 또 한동안 사람들의 눈을 끌지 못하다가 왜 갑자기 다시 관심을 받고 있을까요?

오늘날의 공유경제는 '경제 위기·인터넷의 발달·새로운 경험'이 만

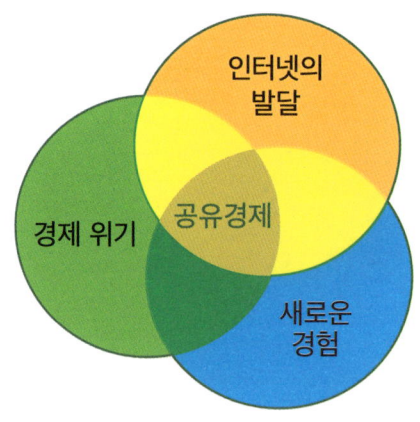

든 갑작스러운 사건과도 같아요. 지금부터 이 세 가지가 어떻게 '공유경제'라는 변화를 가져왔는지 살펴볼게요.

공유경제가 다시 떠오른 배경에는 '경제 위기와 전쟁'이 있었어요. 경제 위기는 제1~2차 세계 대전과 같은 역사적인 사건과 이어져 있고요. 세계 대전이 시작된 1900년대로 거슬러 올라가 볼게요.

전 세계를 들썩이게 한 제1차 세계 대전은 1914년부터 4년 동안 벌어진 전쟁이에요. 대영제국(영국), 세르비아왕국과 러시아제국 등의 협상국 세력과 독일제국, 오스트리아-헝가리제국 등의 동맹국 세력이 부딪치면서 많은 나라는 엄청난 혼란에 빠졌어요. 독일제국이 항복하면서 전쟁이 끝났지만 치열하게 싸웠던 참전국들은 대부분 폐허가 되었어요. 미국은 한창 전쟁하던 나라들에게 어마어마한 물자와 무기를 팔면서 큰돈을 벌어들였어요. 덕분에 가장 부유한 나라로 세계 경제의 중심이 되었지요.

미국에서는 엠파이어스테이트빌딩처럼 높디높은 건물들이 들어서고 공장에서는 날마다 새로운 상품들이 쏟아져 나왔어요. 그런데 불티나게 팔리던 새 제품들이 어느 순간부터 팔리지 않으면서 창고에 쌓였고 농작물 가격이 계속 떨어졌어요. 이 모두가 1920년대 후반기에 들어서며 미국에서 갑작스럽게 벌어진 상황이었어요. 회사에서는 판매와 이익이 줄고 빚이 늘어나자 직원들을 내보냈어요. 거리에는 직장을 잃은 사람들로 넘쳐났답니다. 이렇게 세계 경제의 중심지였던 미국이 흔들리자 여러 나라도 어려움에 빠졌어요. 엎친 데 덮친 격으로 경제 위기와 함께 역사에서 가장 끔찍한 제2차 세계 대전이 무려 6년 동안 이어졌어요. 나치독일이 일으킨 이 전쟁과 비슷한 시기에 일제가 일으킨 태평양전쟁으로 군인 약 2500만 명, 민간인 약 3000만 명이 목숨을 잃어야 했어요. 희생자의 수가 약 5500만 명이면 오늘날의 우리나라 인구수만큼 전쟁으로 목숨을 잃은 셈이에요. 1945년에 나치 독일이 항복하고 미국이 히로시마에 원자 폭탄을 떨어트리고 나서야 일제가 항복하며 전쟁이 끝났어요.

  제2차 세계 대전에 휘말린 나라들은 상대편을 이기려고 최고의 무기를 만드는 데 온 힘을 기울였어요. 이때 무기뿐만이 아니라 치료에 필요한 약품과 의료 기술도 함께 발전했지요. 전쟁이 끝나자 무기를 만드는 기술은 쓸모가 없어졌어요. 하지만 대부분의 기술들이 일상에 적용되면서 전쟁 전에는 보지 못했던 새로운 제품들이 쏟아져 나왔어요. 전쟁 후인 1950~1960년대는 기술이 발달하면서 세계의 경제가 부유해지는 시기였답니다.

나라를 흔들 수 있는 끔찍한 전쟁이나 경제 위기는 한 사람이 노력한다고 막을 수 있는 일이 아니에요. 어떤 사람의 의지나 예상과 상관없이 많은 사람이 가진 것과 목숨을 잃게 하기도 하고 예기치 않게 돈을 벌 수 있게 하기도 했어요. 전쟁으로 가진 모두를 잃고 밑바닥에서 시작해야 했던 사람들은 살아남기 위해 엄청난 노력을 해야 했어요. 가족을 책임지는 부모들에게 피땀 흘려 번 돈을 '아끼는 것'은 가장 필요한 경제 활동이었어요.

시간이 더 흐르며 전쟁에서 생긴 상처가 아물고 사회가 안정되면서 경제에 변화가 찾아왔어요. 미국을 중심으로 경제가 좋아진 대부분의 선진국에서는 뉴스와 광고가 쏟아졌어요. 날마다 TV 방송과

라디오에서 광고들이 흘러나오니 사람들은 새로운 상품을 갖고 싶은 충동이 커졌을 거예요.

상품들이 넘쳐 나던 풍요로운 시대는 1960년대 이후부터 2000년대 초까지 이어졌어요. 이 시기에는 우리나라도 한국 전쟁을 딛고 일어나 경제 대국으로 발돋움하기 시작했지요. 세계는 한국의 엄청나게 빠른 발전 속도에 '한강의 기적'이라고 부를 만큼 크게 놀랐답니다.

풍요롭던 세계의 경제는 2008년에 미국에서 터진 금융 위기를 시작으로 다시 한번 휘청였어요. 사람들은 1929년에 있었던 경제 대공황에 버금가는 세계적인 위기였다고 기억해요. 1990년대, 미국은 IT(정보 통신) 분야가 눈부시게 발전하고 있었어요. 컴퓨터나 정보 통신 관련 지식이 없는 사람들도 큰돈을 벌기 위해 너도나도 이 분야에 뛰어들었어요. 그 결과, 기술력을 거짓으로 부풀려 투자금을

챙기고 사라지는 사고들이 많이 생겼지요. 이렇게 부풀려진 상황을 "거품이 끼었다."라고 말해요. 이를 가리켜 '버블경제(Bubble Economy)'라고 부른답니다. 경제 위기는 이것으로 끝이 아니었어요.

2001년 9월, 이슬람 단체인 알카에다가 뉴욕의 세계무역센터를 납치한 항공기로 들이받는 '911 테러'가 터졌어요. 뉴욕의 중심부에서 빌딩 폭발이라는 엄청난 사건이 생기자 사람들의 소비는 크게 움츠러들었어요. 언제 전쟁이 날지도 모르는 상황에서 물건을 사고 문화생활을 즐기는 사람은 없으니까요. 안 그래도 좋지 않은 경제가 더욱 빠르게 나빠졌어요.

미국은 움츠러든 경제를 살리기 위해 돈을 빌려 줄 때 붙이는 이자(금리)를 줄이기로 했어요. 은행이 빌려준 돈을 돌려받을 때 이자를 조금만 받는다면 기업이나 사람들은 돈을 더 많이 빌리겠지요? 부담 없이 돈을 빌린 기업들은 공장도 짓고 연구에도 투자하고 직원도 더 뽑을 수 있어요. 사람들은 물건과 집을 사거나 문화생활을 즐길 수도 있고요. 시장에는 돈이 많이 풀려서 경제가 좋아질 거예요. 그런데 이자가 낮으면 집을 빌려서 살던 사람들은 이렇게 생각해요.

'이자가 낮으니 은행에서 돈을 빌려 집을 사야겠어. 일단 사 두면

집을 사려는 사람들이 늘어날 테니까 집값은 계속 올라가겠지?'

정말 이런 생각대로 흘러갈까요? 시장에 팔겠다고 나온 집은 2채 있어요. 그런데 사려는 사람이 10명이나 있다면 어떨까요? 더 많은 돈을 주고서라도 서로 사려고 할 테니 집값은 자연스럽게 올라갈 거예요. 이러한 현상을 '수요와 공급의 법칙'이라고 해요.

집값이 올라도 사려는 사람들이 계속 늘자 은행은 더 많은 사람에게 돈을 빌려주었어요. 돈을 빌리는 사람이 많아지면서 은행은 이자로 벌어들이는 수익이 크게 늘어났어요. 은행은 갚을 수 있는지 판단한 뒤 사람들에게 돈을 빌려줘야 해요. 그리고 빌리는 사람의

직업이나 월급, 재산 등을 두루두루 따져요. 돈을 갚지 못하면 대신 가져갈 다른 재산이 있는지 등을 꼼꼼히 따진 뒤 갚을 수 있다고 판단하면서 돈을 빌려주지요. 그런데 엄청난 이자 수익이 욕심난 은행들은 돈을 갚을 수 없는 사람들에게도 마구 돈을 빌려줬어요. 사람들은 이를 보고 생각했어요.

'은행에서 돈을 빌리기 쉬우니 일단 집을 사서 조금씩 이자를 내자. 어차피 집값은 계속 오를 테니 많이 올랐을 때 팔면 부자야.'

쉽게 돈을 빌린 사람들은 너도나도 집을 샀어요. 집을 판 사람은 받은 돈으로 소비했고요. 결과적으로 은행에서 쉽게 빌린 돈으로 음식점이나 백화점 등에서 소비하니 경제 상황은 반짝 좋아진 셈이었지요. 소비가 늘어나 물건값이 오르자 미국 정부는 낮춘 이자를 조금씩 올리기로 했어요. 이자를 올리면 빌린 은행에 달마다 내야 하는 돈이 점점 많아져요. 내야 할 이자가 많아지면 돈을 빌리려는 사람들이 줄면서 시장에도 돈이 줄어들어요. 자연스럽게 집을 사려는 사람들이 줄면 시장은 안정될 거예요. 그동안 은행에서 쉽게 빌린 돈으로 집을 샀던 사람들은 오른 이자를 낼 수 없었어요. 결국 이자를 내기 위해 집들을 내놓기 시작했지요. 조금이라도 빨리 팔고 싶어 더 싼 값에 집을 내놓는 사람들도 있었어요. 집값은 점점 더 빠른 속도로 떨어졌어요.

은행에서 1억 달러를 빌려 집을 산 사람들은 이자를 조금씩 내면서 몇 년 있으면 집값이 2억 달러로 오를 거라고 생각했어요. 집값이

많이 올랐을 때 팔면 빌린 돈 1억 달러를 갚고도 1억 달러를 벌 수 있다고 여겼지만 결과는 반대였지요. 내놓은 집은 많은데 사려는 사람이 없으면 집값은 계속 떨어져요. 1억 달러를 빌려 집을 산 사람들은 1억 달러에도 집을 팔지 못했어요. 내놓은 집들이 팔리지 않자 은행들이 압류한 빈집들이 넘쳐났어요. 게다가 빌려줬던 돈을 다시 받지 못하고 무너지는 은행도 있었지요. 세계 최대의 투자 은행인 '리먼브라더스'를 비롯해 세계적인 금융 회사들이 하나둘 흔들리자 나라에도 위기가 찾아왔어요. 금융 기관들이 줄줄이 무너지면서 돈을 빌렸던 기업들은 망하거나 직원들을 내보내야 했지요. 하루아침에 일자리와 집을 빼앗긴 사람들은 거리를 떠돌아야 했어요.

은행은 많은 돈을 찍어서 기업에 빌려주거나 사업에 투자해 일자리

가 늘어나도록 해야 해요. 정부도 나라의 경제가 건강하도록 은행과 금융 정책을 잘 관리해야 하지요. 미국에서 시작해 세계로 퍼져 나간 금융 위기는 정부나 은행이 제 역할을 못 하고 돈 욕심을 부려 생긴 결과라고 말하는 사람들도 많았어요.

미국과 수출과 수입 등으로 촘촘히 이어진 우리나라도 이 경제 위기를 피하지 못했어요. 수출이 어려워지면서 이익이 줄어들자 직원들을 내보내야 할 만큼 기업들의 상황도 나빠졌어요. 엄청난 외환 위기를 맞이한 대한민국의 국민들은 다 같이 모든 것을 줄이고 아껴야 했어요.

오늘날에는 모든 나라가 다른 나라에서 발생한 전쟁이나 자연재해에 크고 작은 영향을 주고받아요. 이는 나라와 나라, 사람과 사람이 인터넷, TV, 신문, 책 등의 매체로 이어져 있기 때문이에요. 나라와 경제

의 위기들로 생긴 어려움은 사람들의 생각을 달라지게 했어요. 현재 'MZ 세대'라 불리는 젊은 사람들은 할머니와 할아버지, 부모님 세대와 다르게 돈을 모으기보다 지금의 행복을 더 중요하게 생각해요.

젊음은 원하는 것을 모두 갖기에 넉넉한 재산이 있는 나이가 아니에요. 큰돈을 모으려고 힘들게 일만 하다가 늙어 버리기 전에 즐겨야 한다는 생각이 강한 나이이지요. 이런 현상을 '스포츠카의 비애'라는 말로 설명하기도 해요.

한 청년이 화려함과 스피드를 즐길 수 있는 스포츠카를 갖고 싶어 했어요. 열심히 몇십 년을 일해 스포츠카를 살 여유가 생겼더니 이제는 늙어서 탈 수가 없지 뭐예요? 어때요? '스포츠카의 비애'라는 말이 와 닿나요? 오늘날에는 즐거움을 참고 돈을 모으기보다 삶을 즐기면

서 살아야 한다고 생각하는 사람들이 많아요. 이때 무언가를 즐기거나 경험하고 싶을 때만 빌려 쓰는 공유경제는 엄청난 기회를 줘요. 소유보다 '경험'을 더욱 중요하게 생각하는 거예요. 전쟁에서 비롯한 시대의 변화와 경제 위기, 미디어의 발달은 이렇게 소비에 갖는 사람들의 생각을 바꾸었어요. 그리고 오늘날 공유의 가치를 세상에 전했답니다.

06

인터넷이 만든 공유의 세상

산업 혁명 이전까지 공유는 사람들에게 자연스러운 삶의 일부였어요. 갑작스럽게 찾아온 위기의 순간에 서로 돕고 나누며 살아온 역사에서 이를 잘 찾아볼 수 있어요.

농경 사회에서 산업 사회로 바뀌며 도시는 사람들이 많이 모여 사는 곳이 되었어요. 도시에 모여든 사람들은 서로를 알아갈 시간도 없이 바쁘게 경제 활동을 하며 살아가고 있어요. 그렇다면 모르는 사람들끼리 어떻게 서로 빌리고 빌려주며 경제 활동을 할 수 있는 걸까요?

스마트폰으로 소통하는 오늘날에는 사람과 사람을 이어 주는 애플리케이션이나 웹 사이트가 믿고 거래할 수 있는 유일한 수단이 되고 있어요. 이러한 곳들은 물건을 사고팔거나 빌려주고 빌리는 사람들을 안전하게 이어 준 대가로 돈을 받지요. 누구나 컴퓨터나 스마트폰으로 인터넷에 접속하기만 하면 이런 애플리케이션이나 웹 사이트를 쓸 수 있어요. 이는 어떤 조건이나 제한 없이 공유경제에 함께할 수 있다는 뜻이에요. 오늘날의 컴퓨터와 스마트폰은 사람들의 인터넷 접속을 도와주는 편리한 도구가 되기까지 수많은 변화를 거쳤어요.

스마트폰이 나오기 전에는 컴퓨터가 사람들과 인터넷을 이어 줬어요. 시간이 더 흐르고 무거운 컴퓨터 대신 들고 다닐 수 있는 가벼운 노트북이 나타났어요. 노트북보다 더 작은 아이패드와 같은 기기들이 그 뒤에 만들어졌고요. 이와 같은 휴대용 컴퓨터에 전화 기능을 더한 기기가 스마트폰이에요. 요즘에는 스마트폰과 연결해 손목에 차는 스마트워치와 같은 기기들도 나타나 편리한 디지털 세상을 만들어 주고 있어요. 이와 같은 다양한 기기의 모델이었던 컴퓨터는 계산기에 그 뿌리가 있어요. 지금도 어르신들이 계산에 사용하시는 주판도 컴퓨터의 일종이라고 할 수 있어요. 주판보다 더 빠른 계산을 돕는 전자계산기가 발전해 오늘날의 컴퓨터가 되었다고 이해하면 쉽지요?

이와 같은 발전을 거쳐 온 스마트폰이나 컴퓨터로 인터넷 망을 통해서 웹(Web)에 접속하면 수많은 나라의 사람들과 소통할 수 있어요. 전 세계를 그물처럼 연결하는 거대한 인터넷 망을 '월드 와이드 웹(World Wide Web, 줄여서 웹)'이라고 해요.

사람들이 웹 사이트에서 원하는 정보를 얻을 수 있는 원리는 무엇일까요? 컴퓨터를 자동차, 인터넷을 자동차가 다니는 고속도로, 웹(웹

사이트)은 고속도로로 이어진 어떤 건물이나 장소라고 비유해 볼게요. 여러분이 먼 곳에서 파는 물건을 사러 가려면 자동차(컴퓨터나 스마트폰)를 타고 고속도로(인터넷)를 달려 마트(웹 사이트나 홈페이지)에 가야 한다고 생각하면 쉽게 이해할 수 있어요.

정보의 바다인 인터넷은 세상에 있는 모든 컴퓨터·스마트폰·TV 등을 잇는 통신 기술이에요. 컴퓨터는 전깃줄처럼 생긴 인터넷 선으로 이어져 있어요. 스마트폰이나 노트북 등은 무선으로 인터넷에 연결되어 있고요. 인터넷에 연결된 디지털 세상의 글과 그림, 영상의 모든 정보는 컴퓨터에 저장되어 있어요. 세상의 모든 컴퓨터를 이어 놓으면 필요할 때마다 정보를 찾아볼 수 있어요. 누구나 볼 수 있는 정보도 있지만 허락받은 사람만 볼 수 있거나 돈을 내야 볼 수 있는 정보도 있답니다.

사람들의 삶을 편리하게 해 주는 인터넷 기술은 역사가 30년 남짓

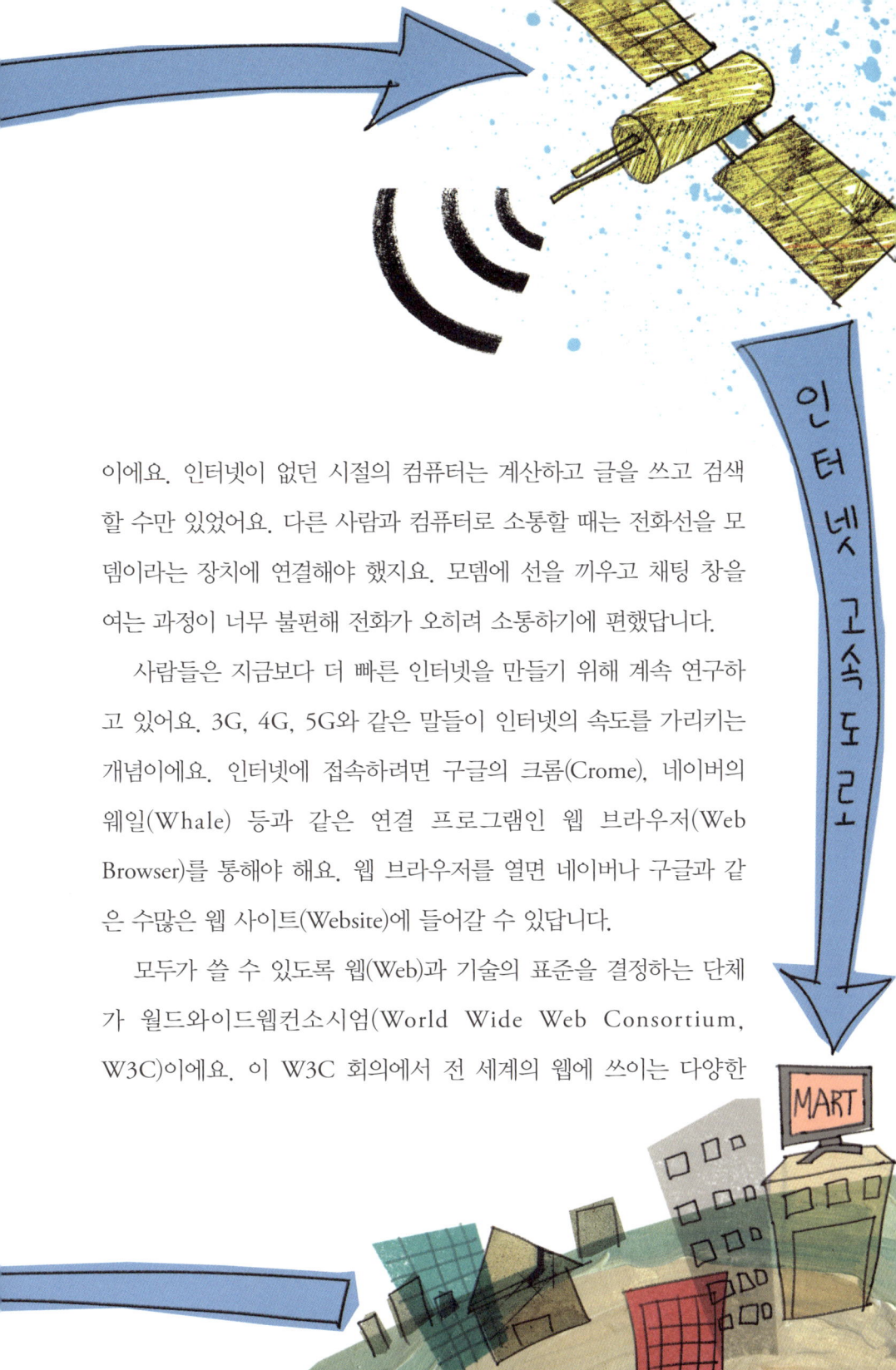

이에요. 인터넷이 없던 시절의 컴퓨터는 계산하고 글을 쓰고 검색할 수만 있었어요. 다른 사람과 컴퓨터로 소통할 때는 전화선을 모뎀이라는 장치에 연결해야 했지요. 모뎀에 선을 끼우고 채팅 창을 여는 과정이 너무 불편해 전화가 오히려 소통하기에 편했답니다.

사람들은 지금보다 더 빠른 인터넷을 만들기 위해 계속 연구하고 있어요. 3G, 4G, 5G와 같은 말들이 인터넷의 속도를 가리키는 개념이에요. 인터넷에 접속하려면 구글의 크롬(Crome), 네이버의 웨일(Whale) 등과 같은 연결 프로그램인 웹 브라우저(Web Browser)를 통해야 해요. 웹 브라우저를 열면 네이버나 구글과 같은 수많은 웹 사이트(Website)에 들어갈 수 있답니다.

모두가 쓸 수 있도록 웹(Web)과 기술의 표준을 결정하는 단체가 월드와이드웹컨소시엄(World Wide Web Consortium, W3C)이에요. 이 W3C 회의에서 전 세계의 웹에 쓰이는 다양한

다양한 웹 브라우저들

기술의 표준을 정해요. 어떠한 웹 사이트에 들어갈 때 가장 앞에 붙는 www가 바로 월드 와이드 웹을 뜻한답니다. 세계를 연결하는 망인 월드 와이드 웹은 영국의 컴퓨터 과학자 팀 버너스 리가 발명한 덕분에 오늘날 널리 쓰이고 있어요.

　세상은 인터넷에 연결되면서 더 빠르게 발전했어요. 그리고 정보들이 자유롭게 오가며 엄청난 지식을 함께 나누는 가상 공간이 되었어요. 모든 나라가 인터넷으로 연결된 덕분에 지구 반대편에 있는 사람과도 언제 어디서나 소통할 수 있어요. 메일을 보내고 영상으로 통화하고 해외에 나가지 않고도 다른 나라의 물건들을 살 수 있어요.

　20세기 최고의 발명품인 컴퓨터와 인터넷의 발달은 세상과 사람들의 생활을 완전히 바꿔 놓았어요. 인터넷 기술을 자연스럽게 사용하게 된 지는 30여 년밖에 되지 않았지만 참으로 놀라운 변화이지요. 인터넷은 정보 찾기, 소통, 물건 구입은 물론 교육, 회의, 모임도 할

팀 버너스 리

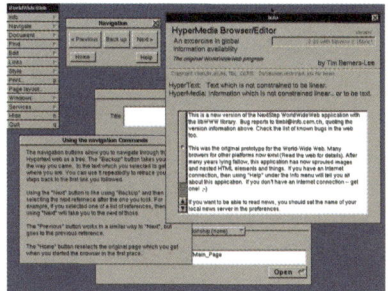
월드 와이드 웹

수 있도록 세상을 바꾸어 주었어요.

 감염병의 위기가 가져다준 기회

　사람과 사람은 물론, 모든 것을 인터넷을 통해 빠르게 주고받으면서 세상은 살기 편리해졌어요. 모든 것이 연결되어 편리해진 사회에는 좋은 점도 있지만 나쁜 점도 있어요. 무서운 질병이나 바이러스가 사람과 사회에 퍼지면 걷잡을 수 없다는 점이에요. 갑작스럽게 터진 유행성 감염병은 전 세계를 빠르게 위기로 몰아넣었어요. 이에 세상은 사람들이 모이기 어려운 환경으로 바뀌었어요. 나라 하나뿐만이 아니라 전 세계 사람들의 발이 묶이면서 교류가 끊어졌어요. 그렇게 서로 영향을 주고받던 세계의 경제는 다시 한번 위기를 맞았어요.
　오래전부터 인류는 끊임없이 출몰하는 온갖 질병을 이겨 내며 살아왔어요. 천연두·페스트·결핵·에이즈 등의 위협 앞에서도 어떻게든 방법들을 찾아 왔지요. 달라지는 환경에 맞춰 살아남은 인류는 앞으로 또 어떤 새로운 감염병과 바이러스를 만날지 몰라요. 예측할 수 없는 새로운 감염병과 바이러스는 사람과의 접촉을 지금보다도 더 줄어들게 할 거예요.

사람들이 만나고 활동해야만 가정과 학교, 기업과 나라, 나아가 세상이 건강하게 돌아갈 수 있어요. 사람들의 사회 활동이 줄어들면 경제가 움츠러드는 일은 당연한 일이에요. 다행스럽게도 사람들은 인터넷에서 정보를 나누며 갑작스럽게 찾아온 감염병의 위기를 슬기롭게 헤쳐 나가고 있어요.

감염병이 점점 심각해지자 사람들은 공유에도 위기가 찾아왔다며 우려했어요. 바이러스는 사람 사이에서 퍼지기 때문에 다른 사람의 손이 탄 물건을 선뜻 사용하지 않을 거라고 생각했어요. 실제로 사람들은 누군가가 쓰던 자동차나 킥보드 또는 깨끗하지 않을 수도 있는 다른 사람의 집과 물건을 빌려 쓰기를 꺼렸어요. 유행성 감염병 초기에는 외국 여행이나 외부 활동이 크게 줄면서 공유 숙박도 70% 이상 예약이 줄었어요. 거대 숙박 공유 기업인 에어비앤비도 직원 수를 25% 정도 줄일 만큼 위기가 찾아왔지요.

하지만 모든 것이 나쁜 것만은 아니었어요. 공유 숙박에 다른 기회가 생겼기 때문이에요. 외국에 있던 한국인들은 검사와 치료가 빠르게 이루어지는 우리나라가 안전하다고 생각했어요. 이들이 귀국하면서 상황이 달라진 거예요. 한국에 들어온 사람들은 바이러스를 검사하고 기다리는 동안 머무를 곳이 필요했어요. 이때 호텔보다 값싼 공유 숙박이 크게 관심을 받았어요. 피치 못하게 해외 출장을 다녀오는 사람도 마찬가지였지요. 외국인은 에어비앤비, 내국인은 위홈(국내 공유 숙박 서비스)을 많이 찾기 시작했어요.

우리나라에 있는 차량 공유 서비스 쏘카도 달라지는 변화에 발 빠르게 움직여 위기를 기회로 바꿔 놓았답니다. 자동차를 빌려주는 방법을 시간 단위부터 몇 달, 몇 년씩 빌릴 수 있도록 다양하게 마련했어요. 결과는 어땠을까요? 서비스를 이용하는 사람들이 2배나 늘어나는 놀라운 일이 벌어졌어요. 유행성 감염병으로 철도와 버스, 지하철과 같은 대중교통을 꺼리는 문화도 이러한 결과에 한몫했어요. 해외 대신 국내 여행이 늘어나면서 사람들이 쏘카를 이용하는 시간도 많이 늘었답니다. 빠른 성장을 보인 쏘카는 어마어마한 투자를 받아 국내에서 12번째 유니콘 기업(기업 가치가 10억 달러 이상이면서 세워진 지 10년 이하의 기업)이 되었어요.

사무실을 나눠 쓰는 공유 오피스도 뜻밖의 상황을 맞이했어요. 대기업들이 접촉을 줄이기 위해 직원들에게 재택근무를 권하고 적은 수만 사무실에 나와서 근무하게 했기 때문이에요. 이에 따라 정해진 수의 직원이 일할 수 있도록 크기가 작은 사무실을 빌리며 공유 오피스

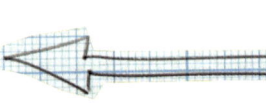

에도 기회가 찾아왔어요. 국내의 대표적인 공유 오피스 패스트파이브도 지점을 4곳이나 늘렸고 감염병이 생기기 전보다 1만 7000여 명으로 직원 수가 더 늘어났어요.

유행성 감염병은 숙박이나 자동차, 사무실 외에 음식점에도 큰 변화를 가져왔어요. 매장에서 식사할 손님을 받지 못한 음식점은 운영 방법을 바꿔야 했어요. 배달 주문으로 운영을 바꾼 식당들이 늘자 매장이 있는 음식점들은 고민에 빠졌어요. 감염병 이전에는 찾아온 손님들을 많이 받을 수 있도록 매장을 넓히고 편안하고 예쁜 인테리어를 하는 데 많은 돈을 들였기 때문이에요. 배달 주문이 늘어나면서 요리할 장소를 나누는 공유 주방은 새로운 유행을 만들어 냈어요.

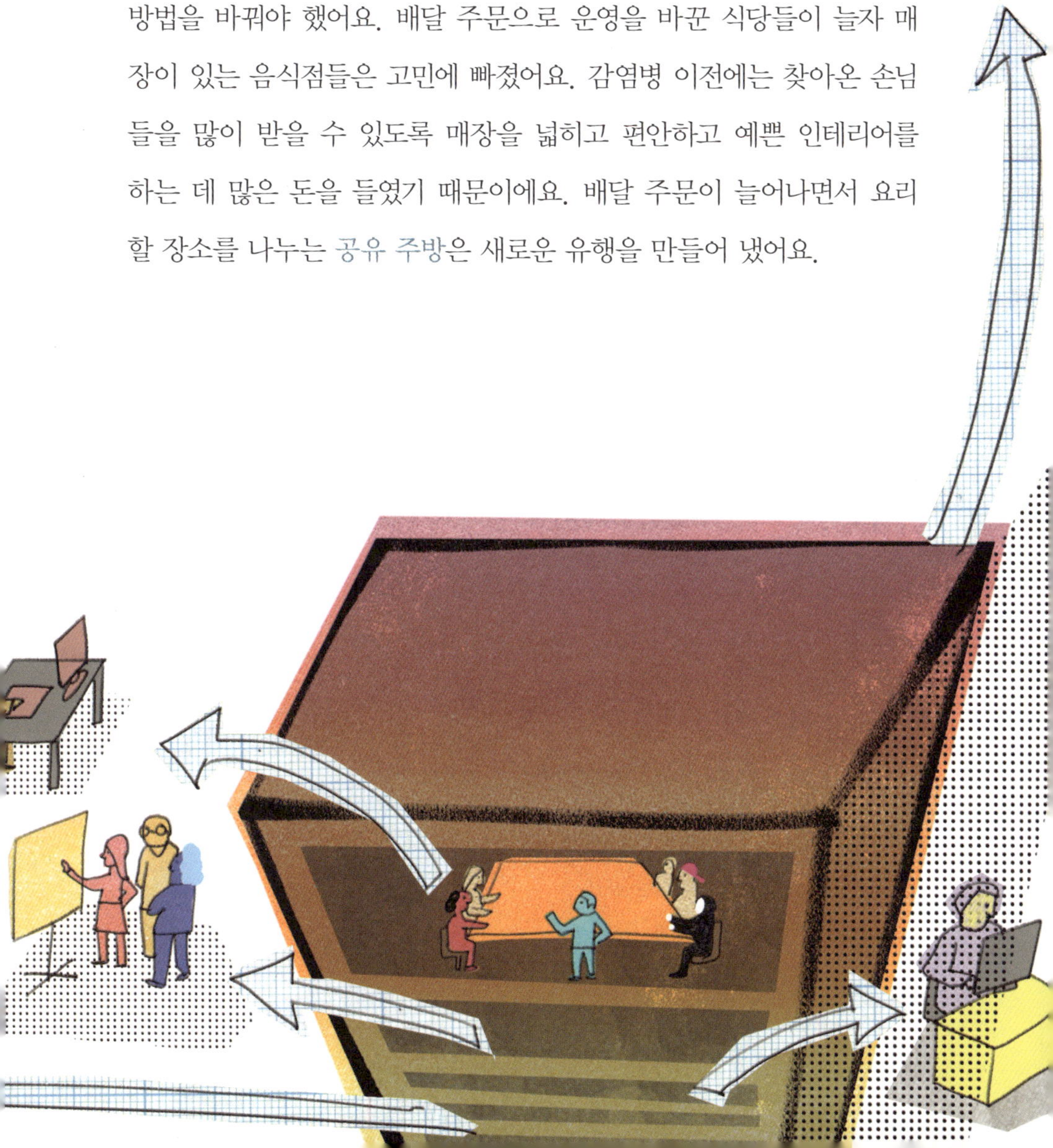

　공유 주방은 손님이 식사할 테이블과 의자가 필요없어요. 음식을 만드는 데 필요한 주방 시설과 장소만 갖추면 돼요. 그리고 빌린 주방에서 주문받은 음식을 깨끗하고 빠르게 만들어 배달하면 되고요.

　유행성 감염병은 음식 배달 외에도 쇼핑, 강아지 돌봐 주기, 집안일처럼 개인의 재능과 시간까지 공유할 수 있는 플랫폼을 나타나게 했어요. 사람과 사람이 접촉해서 빠르게 퍼지는 감염병은 만남과 접촉을 줄여야만 막을 수 있어요. 그러나 오랫동안 이어져 온 삶의 방식을 갑자기 바꾸기는 쉽지 않지요.

감염병을 막겠다고 사람들의 접촉을 강제로 막는다면 어떤 일이 벌어질까요? 시장 경제의 중심인 식당, 영화관, PC방, 헬스클럽 등의 시설이 하나둘 문을 닫으면서 경제도 흔들릴 거예요.

우리나라에서는 인구의 약 92%가 인터넷을 쓰는 덕분에 사람들은 접촉을 줄이면서도 문제없이 소통하며 감염병의 위기를 잘 헤쳐 나갔어요. 쇼핑과 회의, 수업 등이 인터넷에서 이루어졌기 때문이에요. 회사가 아닌 집에서 일하는 재택 문화의 빠른 적응도 위기 극복에 큰 도움을 주었어요.

사람들이 인터넷에서 모여 활동하는 가상 공간인 메타버스(Metaverse)의 유행도 사람들의 삶을 새롭게 바꿔 줬어요. 메타버스에서는 만나지 못한 사람들을 아바타로 만날 수 있어요. 제페토, 로블록스, 이프렌즈, 게더타운 등이 대표적인 메타버스 플랫폼이랍니다.

감염병이 유행하기 전, 어른들은 이런 플랫폼들을 어린이나 청소년이 즐기는 온라인 게임이라고 생각해 관심을 갖지 않았어요. 갑자기 터진 유행성 감염병에 VR(가상 현실) 기술과 빠른 5G 인터넷, 웹 기술이 더해져 놀라운 결과를 만들었어요. 만나지 못하는 현실을 대

신할 장소가 되어 주었기 때문이에요. 가상 공간에서 회의할 수 있게 해 주는 플랫폼들은 앞으로 더 발전할 거예요.

    인터넷이 발달하지 않은 나라에서도 이런 멋진 세계를 만날 수 있을까요? 인터넷이 발달하지 않은 가난한 나라들은 사정이 달라요. 인터넷은 물론 백신조차 부족해서 병이나 배고픔으로 죽는 비극이 일어나고 있어요.

전 세계의 인구 약 80억 명 가운데 37%인 약 29억 명은 인터넷을 써 보지 않은 사람들이라고 해요. 가장 가난한 46개 나라의 인구 대부분이 인터넷을 써 본 적이 없다고 하니 안타까운 일이에요. 가난한 나라의 사람들은 어떤 정보나 약도 얻지 못하고 빠르게 퍼지는 병에 그저 당할 수밖에 없어요.

많은 미디어에서는 인류에게 앞으로 더 무시무시한 감염병이 나타날 수 있다고 경고해요. 계속 예방 백신과 치료제를 만들며 이겨 나가야 한다고 내다보지요.

전 세계는 이제 바이러스나 감염병과 함께 살아가는 삶을 받아들이고 있어요. 이에 따라 인간의 활동과 생산은 전보다 움츠러들고 개인의 소득도 더 줄어들겠지요. 따라서 소비보다 필요할 때만 빌려 쓰는 공유가 사람들에게 더욱 가치 있게 다가갈 거예요. 더 발달할 인터넷과 웹 기술, 기발한 아이디어들은 인류와 지구에게 이로운 경제 생활과 새로운 세계를 보여 줄 거랍니다.

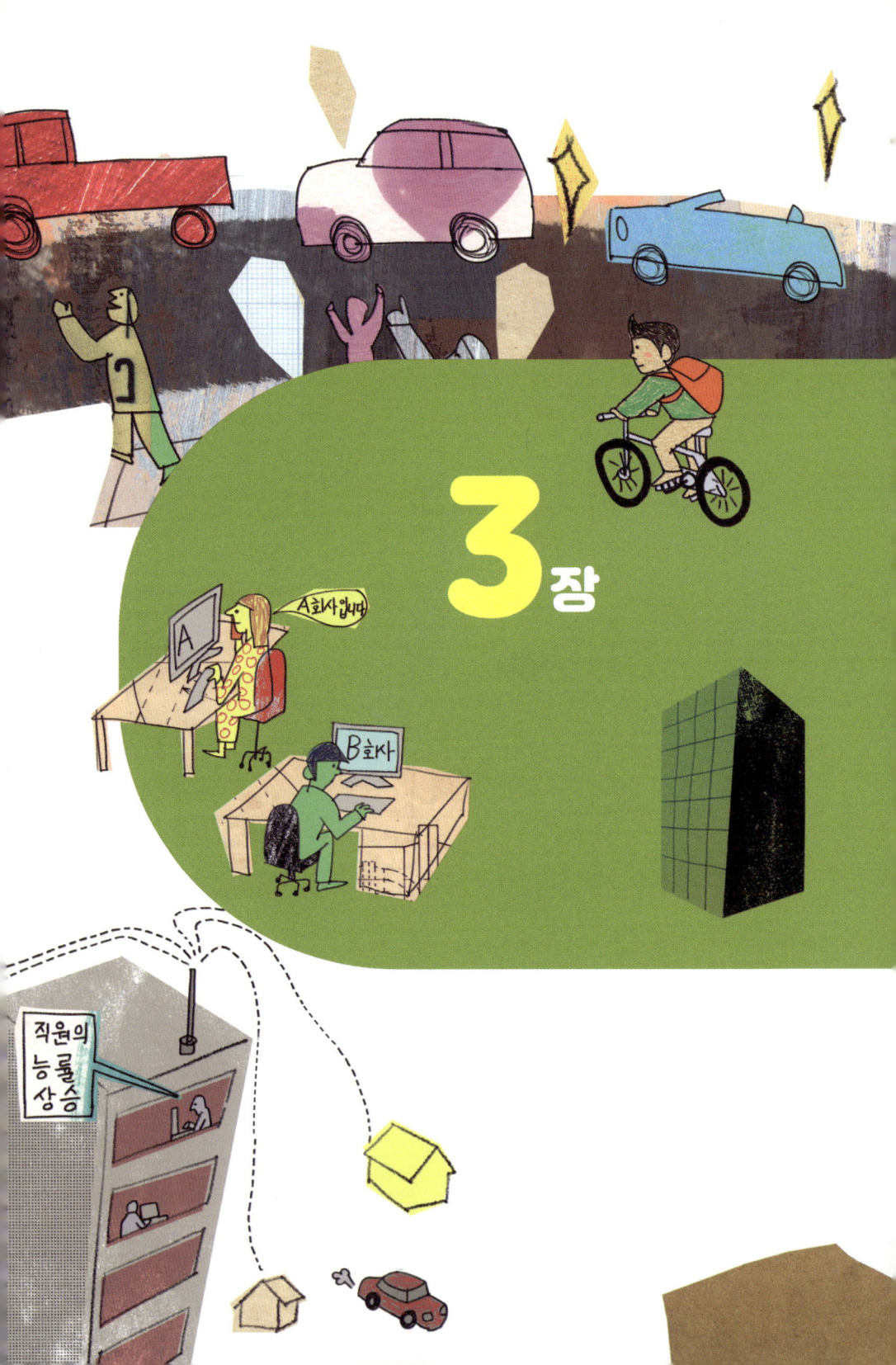

기발한 공유가
좋은 변화를 만들어요

여러분의 주변을 둘러보세요. 생각보다 많은 공유경제들을 만날 수 있어요.
'이런 것도 나눌 수 있어?'라고 생각할 만큼
기발한 공유 아이디어에 놀랄지도 모르겠어요.
물론, 여러 공유경제 서비스들을 경험한
여러분이 직접 만든 공유 아이디어가 가장 좋겠지요.

01 공유는 얼마나 늘어날까?

공유경제는 '경제'라고 불리기 전부터 '협력과 나눔'으로 사람들의 곁에 있었어요. 농경 시대는 물론이고 중세 시대까지 공간과 노동력, 물건 등을 나누는 일이 자연스럽게 사람들의 생존으로 이어져 함께해 왔지요. 산업화 이후 도시화가 이루어지면서 사람들의 삶은 서로 돕지 않아도 살아갈 수 있는 모습으로 바뀌었어요. 시간이 더 흘러 인터넷이 발달한 오늘날에는 다시 살아난 공유경제가 새로운 시대를 열었어요.

세계 인구의 절반인 약 40억 명은 도시에 살고 있어요. 앞으로도 사람들이 더 모여들어 2030년에는 59% 정도가 도시에서 살게 될 것이라고 해요. 도시에서 살아가는 가족 구성원은 대부분 1인 가구라고 예측해요. 혼자 사는 1인 가구도 공유경제가 더 널리 퍼지는 이유가 되고 있어요. 혼자 살아가는 가정은 당연히 사는 집의 크기가 작아지고 생활에 필요한 물건들이나 가구들의 수도 적을 수밖에 없어요. 자주 쓰는 물건이 아니면 공유하거나 중고용품을 사용하는 사람들도 많아졌어요. 그럼에도 살아가는 데 의외로 많은 공구가 필요하고 이 모두를 구입하기에는 선뜻 내키지 않는 공구들이 많아요. 전동 드릴은 비싸게 산 뒤에는 집 어딘가를 차지하는 애물단지가 되기 쉬운 대표적인 물건이에요. 전동 드릴처럼 비싸게 주고 샀지만 쓰지 않는 물건들을 필요할 때만 가까운 곳에서 빌려 쓴다면 얼마나 좋을까요? 서울시를 비롯한 많은 도시에서 주민센터나 주민 시설에 이와 같은 물건들을 빌려주는 대여소를 만들었어요. 전동 드릴이나 공구 세트, 사다리 등을 빌려주는 공구 대여소는 전국 도시에서 무려 600여 군데나 있답니다. 여러분이 사는 곳의 주민센터에서 대여소의 위치를 안내받을 수 있어요.

공유허브

02 IT 기술이 만드는 편리한 공유 세상

무소유를 실천하는 공유 씨의 풍요로운 하루

지방에서 올라온 공유 씨는 셰어 하우스에 살아요.

아침에 전철역까지 공유 자전거로 시원하게 달리죠.

사무실은 강남역 공유 오피스에 있어요.

회의가 길어지면 앱으로 주문한 음식을 먹어요.

주말에는 부모님 댁에 차량 공유로 드라이브하며 가지요.

쓰지 않는 물건들은 중고 거래 플랫폼으로 공유해요.

반려견 똘이는 재능 공유 플랫폼의 반려견 돌보미와 있어요.

셰어 하우스 꾸미기는 재능 공유 플랫폼의 전문가에게 맡겨요.

온라인 학습 플랫폼에서 영어 공부도 하고요.

시간이 남으면 디자인 실력을 발휘해 아르바이트도 해요.

사람들은 스마트폰과 컴퓨터를 이용해 예전에는 상상하지 못할 편리한 삶을 누리고 있어요. 자고 먹고 쉬고 일하고 공부하는 과정에서 공유와 함께 하루를 보내고 있답니다. 사람들은 빠르게 발전한 '인터넷 기술' 덕분에 다양하게 공유할 수 있어요. 그런데 누군가는 세상과 사람들에게 놀라운 변화를 가져다준 인터넷의 미래를 이렇게 내다보기도 했어요.

"오늘날의 사람들에게 흔해져 버린 인터넷은 일상의 일부가 되면서 사라질지도 모릅니다."

이 사람은 구글의 회장이었던 에릭 슈미트(Eric Emerson Schmidt)예요. 2015년에 국제회의 다보스포럼에서 그가 했던 이 말은 무슨 뜻일까요? 인터넷은 공기처럼 세상에 있지만 너무 당연하여 없는 듯 느껴질 수 있다는 뜻이에요. 여러분은 어떻게 생각하나요?

인터넷이 나타나기 전에는 건설·에너지·은행·제조 회사가 세상의 중심이었어요. 인터넷과 웹이 나타나 사람들의 삶에 스며들면서 상황이 달라졌어요. 구글·애플·네이버·마이크로소프트·아마존 등과 같은 IT 기업들이 세상과 사람들의 생활을 편리하게 바꾸었기 때문이에요. 이는 불과 10~20년 만에 생긴 변화랍니다. 100년 넘는 역사 동안 가장 많은 돈을 벌며 세상의 중심이었던 자동차 회사나 은행, 철강 회사 등이 차고에서 노트북 하나로 세운 IT 회사들에게 그 자리를 빼앗긴 셈이에요.

일반적인 IT 기업과 IT 기술을 바탕으로 하는 공유 기업은 서로 비슷하면서도 다른 점이 많아요. 이 기업들은 어떤 점이 다를까요?

　IT 기업들은 개발한 소프트웨어(컴퓨터 이용에 필요한 프로그램 등)를 판매하거나 직접 만든 게임과 영화, 콘텐츠를 인터넷에 서비스해 돈을 벌고 있어요.

　IT 기술을 바탕으로 하는 공유 기업들은 원래 있던 것을 사람들과 연결해 줄 웹 플랫폼을 만들고 편리한 기능을 계속 좋게 바꾸어 가는 일을 해요. 공유 기업에서는 웹디자이너와 웹개발자, 인터넷서비스기획자가 모여 일하고 있어요.

　자동차를 빌려주는 우버에 자동차 전문가나 교통 전문가는 없어요. 숙박 시설을 빌려주는 에어비앤비에는 호텔 지배인과 청소 또는 요

우버 사무실

리하는 사람들이 없어요. 서비스를 나누고 이용할 수 있도록 연결해 주는 웹이나 애플리케이션(공유경제 플랫폼)을 개발하고 관리하며 기능을 더 좋게 바꾸는 일이 이들이 하는 일이에요. 자유로운 분위

메타(페이스북) 사무실

기에서 이용자가 공유하기 쉬운 프로그램을 개발하고 눈에 잘 띄는 디자인과 사용자에게 더욱 편리한 기능을 만들기 위해서 노력하고 있지요.

이렇게 분야는 달라도 사람과 사람을 연결해 줄 웹과 애플리케이션에 집중하는 기업들을 통틀어서 간단히 '플랫폼 기업'이라고 부른답니다. 플랫폼에서 주문을 직접 받아 서비스해 주는 사람들을 '플랫폼 노동자'라고 해요. 이들의 노력 덕분에 사람들은 장을 보러 가지 않아도 스마트폰으로 주문하면 집 앞까지 물건이 도착하는 편리함을 누릴 수 있어요.

더 빠르고 더 쉽게 공유 서비스를 제공받을 수 있도록 공유 기업들은 지금도 계속 출현하고 있어요. 전 세계와 사람들에게 자리 잡은 공유경제들은 무궁무진하답니다. 지금부터는 사람들이 무엇을 공유하고 있는지 분야별로 살펴볼게요.

03 남는 방을 공유해 볼까?

　에어비앤비는 숙박을 공유하는 기업이에요. 2008년에 시작해 전 세계 220여 개의 나라에서 약 600만 개 이상의 숙소가 있는 커다란 플랫폼 기업으로 성장했어요. 숙소의 수는 세계 최고의 호텔 다섯 곳

도시별 에어비앤비 이용 상황

도시	도시별 이용 건수	하루 평균 요금
런던	59302	$184
파리	38522	$118
뉴욕	35083	$186
모스크바	30601	$128
리우데자네이루	30302	$58
로마	25753	$123
시드니	21216	$134
바르셀로나	20786	$182
멜버른	19031	$124
LA	18237	$162
마드리드	16294	$106
베를린	15709	$92

(메리어트·힐튼·인터컨티넨탈·하얏트·아코)의 숙소를 모두 합친 수보다 많아요. 에어비앤비는 어떻게 이렇게 성장할 수 있었을까요?

에어비앤비는 건물이나 방이 하나도 없는데도 세계에서 가장 많은 숙소를 빌려주고 있어요. 볼거리가 많고 사람들이 많이 오가는 도시를 중심으로 관광이 늘어난 덕분에 숙박 공유가 성공할 수 있었지요. 실제로 교통이 편리한 런던, 파리, 뉴욕의 관광 도시에서는 에어비앤비를 이용하는 여행객들이 많아요. 특히 인터넷과 앱을 잘 쓰는 20대에서 40대가 주로 이용하고 있어요. 이는 새로운 경험을 중요하게 여기는 젊은 층의 성향이 큰 역할을 했다고 볼 수 있어요. 새로운 장소나 문화를 체험해 보고 싶어 하는 젊은 사람들은 외국 가정에서의 숙박을 신선한 경험으로 여기기 때문이에요.

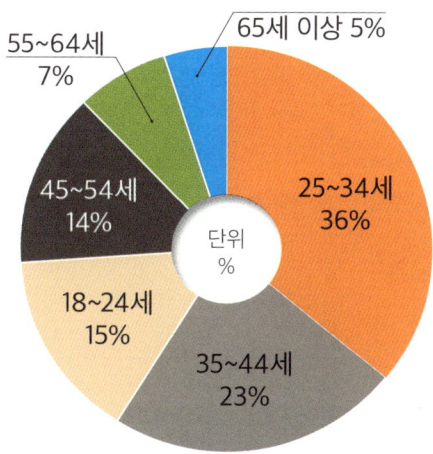

에어비앤비 예약 연령대

꾸준히 성장한 에어비앤비는 기업 가치가 107조 원이 넘는 세계적인 기업이 되었어요. 세워진 지 12년 만에 54년이 넘는 역사를 가진 우리나라의 현대자동차(약 100조 원 가치)보다 더 큰 기업이 된 거예요. 기업의 성장뿐만 아니라 세상에 미친 긍정적인 영향도 놀라워요.

에어비앤비를 이용해서 한 해 동안 아낀 물의 양은 미국과 캐나다에서는 올림픽 수영장 약 270개, 유럽에서 약 1100개 규모라고 해요. 한 해 동안 배출한 온실가스의 양도 미국과 캐나다에서 자동차 약 3만 3000대, 유럽의 경우 20만 대를 줄이는 효과를 가져왔다는 연구도 있어요. 이 모두는 호텔이나 리조트처럼 화려한 조명을 켜서 전기를 낭비하지 않고 쓸데없이 물을 사용하지 않았던 데다가 건물을 무

에어비앤비의 친환경 숙박

위홈

턱대고 새로 짓지 않은 덕분이에요. 이와 같은 친환경적 요소는 공유경제의 장점 가운데 하나라고 할 수 있어요.

놀라운 성장과 가능성을 보여 준 에어비앤비이지만 한국에서는 성공하지 못했어요. 에어비앤비의 숙박 공유가 한국에 있는 법에 어긋나기 때문이에요. 한국의 시골에서는 방을 빌려줄 수 있지만 도시에서는 방을 빌려주는 일이 불법이에요. 이는 공유경제가 생기기 전에 만들어진 '외국인관광도시민박법' 때문이랍니다.

오래된 규제와 법이 새로운 환경에서는 쓸모없는 낡은 법이 된 셈이지요. 시대의 흐름에 맞지 않는 낡은 법은 발전을 막아요. 변화에 맞춰 없애거나 바꾸려고 노력하지만 여기에 얽힌 크고 작은 문제들이 많아서 쉽지 않아요. 이러한 낡은 규제 때문에 생긴 역효과를 해소하고자 임시로 규제를 풀고 시범 사업을 하는 '위홈'이라는 공유 플랫폼이 생겼어요.

04 이제는 탈것을 나눌 차례

'카 셰어링(Car Sharing)'이라고 부르는 자동차 공유는 숙박 공유보다 더 다양한 플랫폼이 있어요. 자동차를 비롯한 탈것의 종류는 엄청나게 많기 때문이에요. 심지어 새로운 교통수단은 지금도 계속 나오고 있답니다.

자동차 공유는 1984년에 스위스의 협동조합 조합원들이 이용하던 공용 자동차에서 시작했다고 해요. 더 시간이 흐른 2000년에 미국의 회사 집카(Zipcar)에서 오늘날의 자동차 공유가 나타났어요. 집카는 자동차를 가진 사람이 플랫폼의 회원에게 시간 단위로 자동차를 빌려줘요. 그리고 여러 사람이 자동차 한 대를 시간 단위로 나누어 사용하는 서비스예요.

자동차 공유가 활발히 이루어진 덕분에 플랫폼 우버의 기업 가치는 약 130조 원이었어요. 이는 미국에서 가장 큰 자동차 기업 세 곳(GM, 포드, 피아트크라이슬러)을 합친 규모보다 훨씬 크답니다.

최근에는 자동차를 포함해 이동 수단 전체를 아우르는 공유 모빌리티(Mobility, 이동 수단)의 서비스 범위가 넓어졌어요. 자동차뿐만이 아니라 오토바이·자전거·전동 킥보드처럼 다양한 탈것을 공유해서 '공유 모빌리티'라고 불러요. 공유 모빌리티는 디지털 플랫폼을 통해 다양한 종류를 쉽게 이용할 수 있어요. 카카오택시와 우버처럼 이동을 원하는 소비자와 이동 서비스를 제공하는 사업자를 잇는 '카 헤일링(Car-Hailing)', 자동차를 함께 타는 '라이드 셰어링(Ride-Sharing)' 등으로 나누어 서비스하기도 해요. 우리나라에서는 카 셰어링을 뺀 나머지 공유 서비스는 아직 활발하지 않아요.

서울시 따릉이

전동 킥보드 공유

전문가들은 2030년이 되면 판매하는 자동차의 수가 지금보다 약 400만 대 줄고 공유하는 자동차의 수가 약 200만 대 늘어나리라고 예측하고 있어요. 그리고 전 세계에서 공유할 자동차의 수가 2040년에는 16%까지 늘어나 자동차 공유 시장이 더 커지리라 내다보고 있지요.

자동차를 빌려 타는 시대가 찾아오자 자동차 회사들은 생각을 달리했어요. 그리고 판매를 줄이는 대신 자동차를 직접 빌려주는 서비스를 시작했어요. 새로운 자동차가 나올 때마다 이를 사람들에게 광고하고 빌려주는 서비스이지요. 이는 잡지나 신문 구독, 유산균 음료 배달과 비슷한 모습이에요.

자동차 구독 서비스가 사람들에게 관심을 받자 자동차 회사는 필요할 때 자율 주행 전기 자동차 스스로 사용자가 있는 곳까지 달려가는 서비스도 계획하고 있어요.

전기 자동차로 유명한 테슬라는 스마트폰으로 가까이에 있는 자동차를 자동 운전 모드로 호출해 목적지까지 운전자 없이 타고 가는 로보택시(Robotaxi)를 만들겠다고 했어요. 이 서비스가 실현되면 앞으로 자동차가 스스로 승객을 태우러 오는 것을 경험할 수 있을지 몰라요. 단순히 탈것을 빌려주던 공유는 이제 무인 자율 주행, 전기 자동차, 공유 플랫폼, 구독 서비스 등으로 계속 진화하고 있어요.

05 사무실 공유도 문제없어

'사무실(오피스)'은 사회에서 아주 중요한 장소예요. 직장인들이 함께 모여 경제 활동을 하기 때문이지요. 사무실에 모여 일한다는 생각이 일반적이어서 사무실을 빌리거나 나누어 쓴다는 생각은 엄두도 내지 못했어요. 오늘날에는 갑작스럽게 감염병이 퍼지자 일하는 사람들끼리 접촉을 줄이기 위해 사무실에도 공유의 바람이 불고 있어요.

공유 오피스는 사무실을 여러 회사가 함께 사용하는 것이에요. 또 필요한 공통 시설을 여러 회사의 사람들이 같이 사용해요. 같은 건물에서, 바로 옆에 앉아 일하지만 공유 오피스에서 일하는 사람들의 회사는 서로 다를 수 있지요. 사무실에는 책상과 의자, 회의실, 자료실, 휴게실, 냉장고와 커피머신 및 간단한 음식을 요리할 수 있는 준비실,

창고, 프린터와 복사기 등이 갖춰져 있어요. 스타트업처럼 세워진 지 얼마 되지 않아 직원 수가 적은 회사들이 공유 오피스를 많이 사용해요. 일할 때 필요한 시설들을 모두 사용할 수 있고 자기 업무 외에는 신경 쓸 일이 없어서 큰 인기를 끌고 있지요.

공유 오피스는 임대료가 비싼 뉴욕에서 처음 시작했어요. 2010년, 뉴욕에서 나타난 위워크(Wework)가 그 시작이었답니다. 이 공유 오피스 기업은 어떻게 성장했을까요?

2008년, 뉴욕 브루클린에서 아기 옷을 만드는 회사 크롤러(Krawlers)를 운영하던 젊은 사업가 애덤 노이만이 있었어요. 그는 비싼 임대료

때문에 늘 골치가 아팠답니다. 직원 수가 적은 회사에 딱 맞는 작은 사무실을 구할 수 없어 필요하지도 않은 넓은 공간을 비싸게 빌리고 있었어요. 그때 노이만과 같은 건물에서 일하며 알고 지내던 건축 설계사 미구엘 맥켈비가 좋은 아이디어를 냈어요. 노이만이 빌린 넓은 공간에서 남는 공간을 여러 개로 작게 쪼개 1인 창업자나 소규모 사업자에게 값싸게 빌려 주자는 아이디어였답니다. 그들은 회사 이름을 그린데스크(Green Desk)로 정하고 건물 주인을 찾아갔어요. 건물주는 그들이 부동산도 잘 모르면서 허세를 부리며 한 층을 통째로 빌리려 한다며 비웃었지요. 그럼에도 두 사람은 후불 7500달러라는 조건으로 한 층을 빌렸어요. 그리고 사무실을 15개로 나눈 뒤 한 곳당

1000달러를 받았어요. 이 돈에서 절반을 건물주에게 주고 나머지는 자신들이 갖기로 했지요. 그들과 비슷한 처지의 작은 회사들이 사무실을 빌리면서 사업은 크게 성공했어요. 2008년 가을, 미국은 최악의 금융 위기로 경제가 어려웠지만 노이만과 맥켈비의 사업은 승승장구했어요. 기업들이 직원의 수를 줄이면서 1인 기업들이 많아졌기 때문이에요. 그린데스크는 불과 1년 여 만에 뉴욕 퀸스와 브루클린에 지점 7개를 열 만큼 커졌어요. 노이만과 맥켈비는 앞으로 사무실 공유 시장이 크게 늘어나리라 판단했어요. 그린데스크의 지분을 브루클린의 건물주에게 판 뒤, 2010년에 그들이 새롭게 세운 회사가 바로 위워크예요.

경제가 어려운 상황에서도 이들은 통째로 빌린 큰 건물을 나눠 다

시 빌려주는 아이디어로 엄청난 기회를 얻었어요. 하지만 갑작스럽게 터진 유행성 감염병으로 위워크와 같은 공유 오피스에도 위기가 찾아왔어요. 그럼에도 이 위기를 또 다른 기회로 만들고 있답니다.

　유행성 감염병은 온라인에서 만나 일하거나 수업할 수 있는 환경으로 세상을 바꾸고 있어요. 달라진 환경을 경험한 기업들은 직원들이 모여 일해야 한다는 생각을 달리해야만 했어요. 직원들은 집에서 일하며 자유롭게 일정을 조절한 덕분에 이전보다 가족과 더 많은 시간을 보낼 수 있었어요. 덕분에 회사는 전기나 난방 등을 포함한 회사 운영비를 아낄 수 있었어요. 또 접촉을 줄여 바이러스 전파까지 막을 수 있다는 장점도 깨달았지요. 이는 집에서 일할 수 있는 직업에만 해당

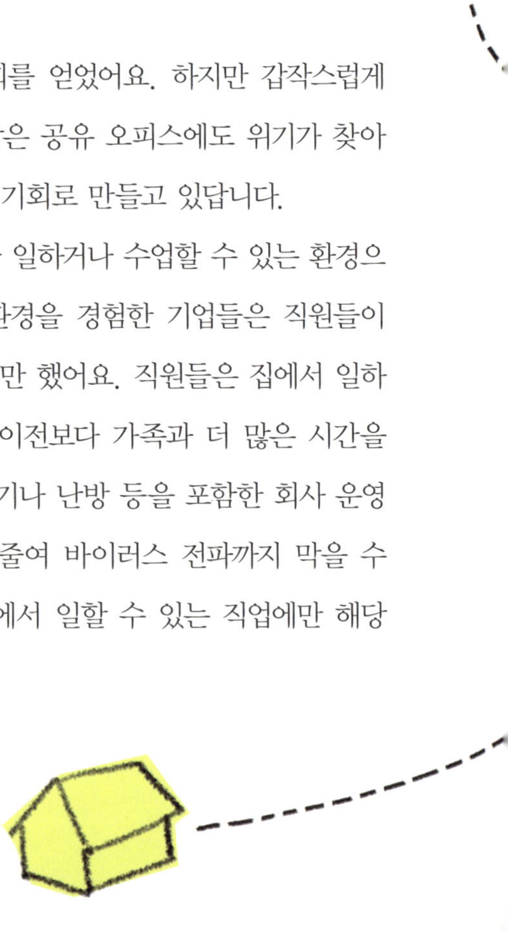

하는 이야기일지도 몰라요. 그럼에도 안전하고 편안한 공간에서 일하며 필요할 때 온라인에서 빠르게 의사를 결정하는 똑똑한 업무(스마트 워크, Smart Work)가 점점 늘고 있답니다. 빠르게 달라지는 시대에 회사들은 저마다의 사정에 맞춘 공유 오피스와 장소에 제한 없이 일하는 스마트 워크에 큰 관심을 보이고 있어요.

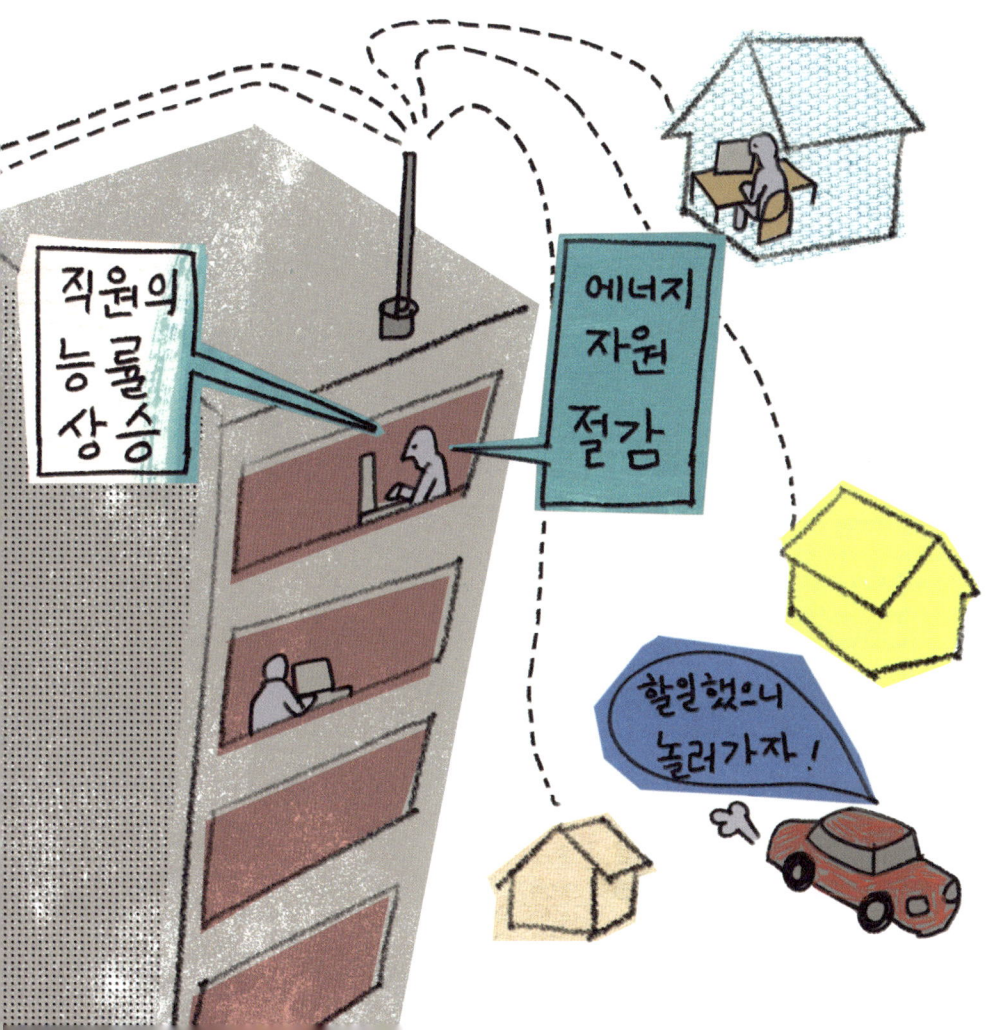

06 주방 나눔은 이제 시작

　사람들끼리의 만남으로 감염병이 퍼지면 장사하는 사람이 가장 큰 피해를 입어요. 만남을 꺼리면 자연스럽게 소비가 줄기 때문이에요. 손님들이 갑자기 줄어들어 돈을 벌지 못하더라도 1년, 2년 단위로 빌린 건물에서 장사하는 소상공인들은 건물의 임대료를 내야 하지요. 유행성 감염병 사태가 예기치 못하게 길어지자 소상공인들은 걷잡을 수 없이 피해가 커졌어요. 장사하는 시간이 짧아지고 매장에 오는 손님이 크게 줄었기 때문이에요. 자연스럽게 매장 식사가 줄고 음식 배달이 늘어나자 식당들은 배달 주문을 받아야만 했어요. 예전에는 사람들이 붐비는 곳에 자리 잡았던 음식점들은 좋은 분위기와 멋진 인테리어, 친절한 서비스 및 맛 좋은 요리를 갖추고 있다는 광고에

많은 돈을 들여야 했어요. 이에 따라 소상공인들은 요리할 수 있는 주방과 시설을 빌려 쓰는 주방 공유로 눈을 돌리기 시작했어요. 더불어 배달을 주문받을 전화를 갖추어 장사하는 방법으로 바꾸고 있어요. 치킨과 짜장면처럼 포장 배달이 발전한 우리나라는 좋은 품질의 요리를 더 빠르게 배달하기 위해 계속 발전하고 있답니다. 배달 음식이 발달하지 않은 외국은 이제 시작 단계에 들어섰다고 해요.

07 무엇이든 공유하는 세상

지금까지 탈것, 방, 사무실, 주방을 공유하는 사례를 살펴봤어요. 그렇다면 여러분이 입는 옷도 나눌 수 있을까요? 집에서 자주 사용하지 않는 물건들에는 잘 입지 않는 옷들도 많아요. 그날그날 마음에 쏙 드는 옷을 찾기 쉽지 않고 새로운 옷들이 쏟아져 나오면서 사 둔 옷들에 관심이 줄어들기 때문이에요.

패션 공유는 합리적인 옷 소비로의 변화라고 할 수 있어요. 생각해 보면 누군가 입던 옷을 빌려서 입는 일이 달갑지 않을 수도 있어요. 그래서 옷을 나눈다는 생각은 대부분 부정적이었어요. 그렇다면 패션 공유는 어떻게 사람들에게 가치를 인정받았을까요?

파티복, 정장, 결혼 예복, 한복, 공연복과 같은 특별한 옷은 1년에 한두 번 입을 만큼 거의 입지 않는 옷들이에요. 구매하려면 큰돈을 줘야 하지요. 패션 공유는 이런 부담을 줄이고 특별한 날에 입을 수 있도록 옷을 빌려주며 인기를 끌기 시작했어요.

거기에서 발전하여 원하는 옷 스타일을 정하면 회사가 달마다 고객의 성향을 분석해서 전문 코디네이터가 추천하는 옷과 액세서리를 함께 보내 주는 서비스도 있어요. 화장품이나 옷 코디에서의 패션 공유가 그 주인공이에요. 원하지 않는 의류는 다시 가져가며 고객의 성향을 살피는 의류 구독이 서비스의 인기 비결이랍니다. 연예인처럼 나만을 위한 전문 코디네이터가 있는 멋진 서비스이지요. 최근에는 꾸준히 새로운 옷을 보내 주는 패션 구독 서비스가 늘어나자 관련 기업들이 크게 성장했어요. 이에 자극받은 미국, 유럽, 중국의 패션 브랜

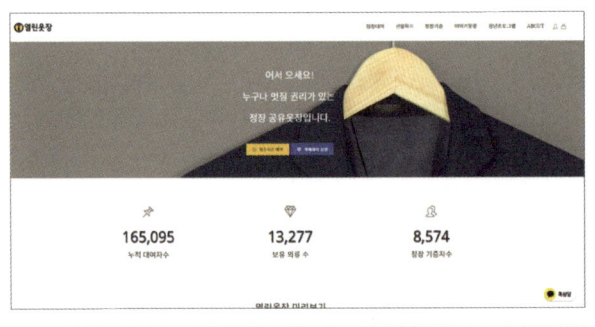

패션 공유 열린옷장

드와 백화점들도 정기적으로 구독형 의류 서비스를 시작했어요. 계절마다 새로운 옷을 빌려 입고 반납하는 패션 공유는 유행을 좇는 많은 사람에게 딱 맞는 서비스가 되고 있어요.

옷뿐만이 아니라 취미도 공유할 수 있어요. 최근에는 해 보고 싶은 취미를 배우거나 모임에 들어가서 많은 사람과 관심사를 나눌 수 있는 서비스가 플랫폼에서 이루어지고 있어요. 물건을 주로 나누는 이전의 공유경제와 비교하면 약간 아리송할 수도 있어요. 취미 공유는 함께할 사람들을 모을 수 있다는 점, 자신이 가진 재능을 나눌 수 있다는 점이 장점이랍니다.

취미 공유는 시대의 흐름에 따른 당연한 결과일지도 몰라요. 오늘날에는 자신의 풍요로운 삶을 위해 여가 시간을 알차게 보내고 싶어 하는 사람들이 많아졌어요. 게다가 유행성 감염병으로 사람을 만나기가 어려워지면서 비슷한 취미를 갖거나 색다른 취미 공유에 불이 붙은 까닭도 있고요.

공유는 사람들의 삶과 다양한 분야에서 널리 퍼지고 있어요. 예기치 못한 유행성 감염병이나 전쟁과 같은 상황으로 사람들이 공간이나 가치를 나누는 일은 앞으로도 계속 늘어갈 거예요. 이를 증명하듯 이미 여러 분야에서 많은 것이 공유되고 있어요. 가진 재능을 공유하는 플랫폼(크몽, 숨고 등), 은행만 할 수 있었던 재물의 공유, 아이 돌봄이나 가정 교사와 같은 경험의 공유, 요트나 보트처럼 쉽게 접근하기 어려웠던 레저 시설의 공유, 내 컴퓨터의 남는 하드디스크 공간을 공유하는 서버 공유 등 수많은 공유가 나타나고 있지요. 인간이 살아가면

숨고

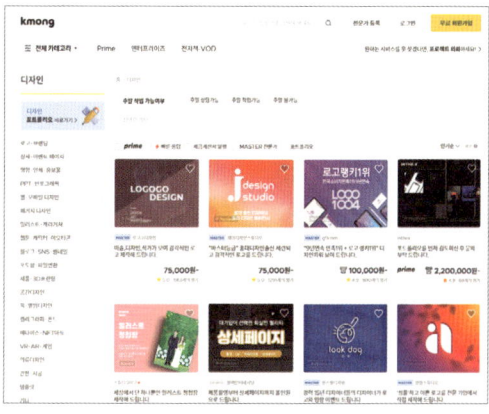

크몽

서 다양한 경험을 하고 싶어 할수록 더 많은 공유 방법들이 나타날 거예요. 최근에는 셔틀버스나 출퇴근 버스 공유, 고급 의류 공유, 명품 가방 공유(BAG BORROW OR STEAL), 보석 공유(RocksBox), 음식 솜씨가 좋은 요리사 공유(Feastly), 반려견을 돌봐 주는 도그베이케시(DogVacacy), 회의 장소 공유 서비스 등도 있답니다.

분야별 국·내외 공유경제 기업의 예

분야	구분	국내 기업	해외 기업
모빌리티 (교통수단)	공유 승차	플러스, 럭시, 반반택시(합승 택시)	우버X, 리프트, 디디추싱, 그랩, 블라블라카
	공유 차량(시간제 차량 대여)	쏘카, 그린카	집카, 플라이트카, 셰어나우, 튜로(P2P), 겟어라운드(P2P)
	차량 호출	카카오택시, 온다택시, UT	우버블랙
공간	공유 숙박	위홈, 다자요(농촌 빈집 공유)	에어비앤비, 주지아(중국), 어드레스(일본 빈집 공유)
	공유 오피스	패스트파이브, 스파크랩스, 드림스페이스	위워크, 저스트고, 스페이스조, 셰어데스크
	공유 주차장	모두의주차장	파크나우
	거실	남의집	홈피스
시설	공유 주방	위쿡, 고스트키친	클라우드키친
	생산 기계	아이디어스샵	테크숍(미국)
	공유 창고	마이창고, 다락, 박스풀, 마타주, 오호	스페이푸트(미국), 에스트라스페이스(싱가폴)
	미용실	세븐에비뉴, 로위	-
금융	크라우드 펀딩	와디즈, 오픈트레이드	킥스타터(미국), 마쿠아케(일본) 타오바오크라우드펀딩(중국)
	대출	렌딧, 8퍼센트	렌딩클럽, 키바, 프로스퍼
	암호 화폐(거래소)	업비트, 빗썸, 코인원, 코빗	바이낸스, 코인베이스
물건	중고 거래	당근마켓, 중고나라, 헬로마켓, 번개장터	여들, 넥스트도어, 메루카리(일본)
	대여 서비스	열린옷장, 국민도서관, 클로젯셰어	렌트더런웨이, 록박스
	주문 제작	아이디어스	엣시
	미술품	오픈갤러리, 아트브런치	터닝아트, 겟아트업
재능	전문가	크몽, 위시켓, 숨고, 탈잉	오데스크, 스킬셰어, 클라우드스프링, 태스크래빗
	직원	-	허마센성(중국), 힐튼, 아마존, 페덱스(미국)
	여행	마이리얼트립	바야블

08 기업도 공유가 필요해

 사람과 사람 사이의 거래가 다양하게 이루어지듯 기업과 기업 사이의 거래도 다양하게 이루어져요. 먼저 개인 사이에 이루어진 거래는 Peer to Peer(개인과 개인)를 줄여서 P2P, 기업 사이에 이루어진 거래는 Business to Business(기업과 기업)를 줄여서 B2B라고 부른답니다. 기업과 개인 사이에 이루어진 거래는 Business to Customer(기업과 고객), B2C라고 불러요. 개인과 개인 사이의 거래뿐만 아니라 기업과 개인 사이의 거래도 활발해지자 기업들도 다양한 공유 방법을 고민했어요. 기업은 이익을 낼 수 있게 해 줄 값비싼 장비와 설비를 갖춰야 해요. 이를 갖추려면 어마어마한 돈을 들여야 하지요. 하지만 무작정 돈을 들여 사기보다 비싼 장비 등을 서로 나누어 쓸 수 있다

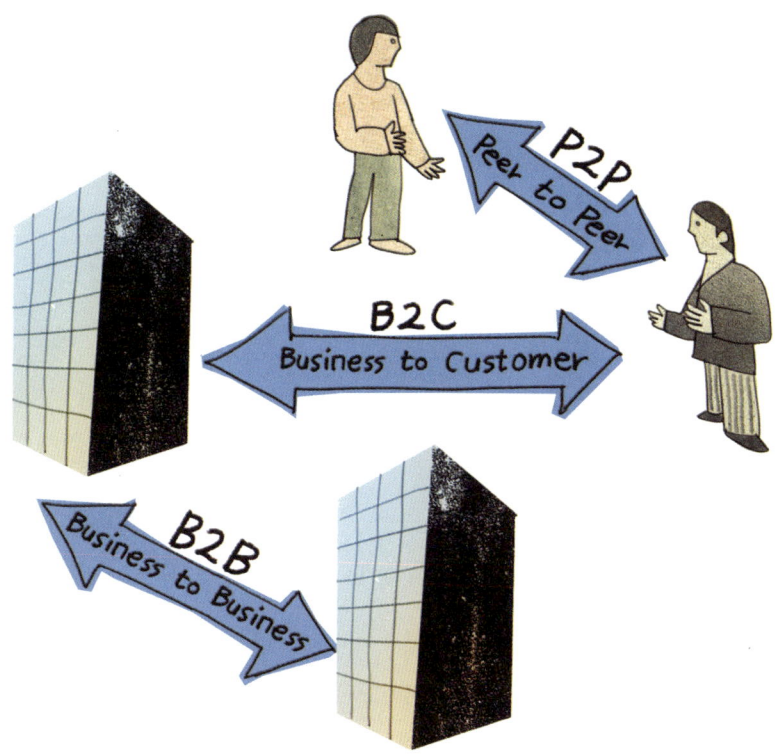

면 어떨까요? 네덜란드의 플루투(Floow2)와 워핏(WARPit)은 이와 같은 값비싼 자원을 공유하는 기업이랍니다. 이들은 기업에게 차량, 연구 장비, 회의실뿐만 아니라 직원까지도 공유하는 서비스를 하고 있어요. 특히 값비싼 최신 치료 장비를 플랫폼으로 공유하여 병원이 치료 비용을 줄이고 더 좋은 서비스를 할 수 있도록 도와주고 있어요.

특정 분야만을 전문으로 공유하는 서비스도 있어요. 건설 장비 공유나 화물주와 트럭 운전사를 대상으로 하는 유통 공유가 좋은 예지요.

빌려 줄 공간이 있는 건물주와 장사할 공간을 찾는 사업자를 이어 주는 플랫폼 스토어프런트도 있어요. 플랫폼의 이름에 '가게 앞에 딸린 공간'이라는 뜻이 있지요. 사용하지 않는 판매 공간을 나누어 임대료의 부담을 낮추어 주니 소매점의 에어비앤비라고 할 만하지요.

니어미(NearMe)는 기업이 다양한 공유를 서비스할 수 있도록 플랫폼을 쉽게 만들 수 있게 도와주는 기업이에요.

최근에는 기업이 제품의 출시 계획을 사람들에게 자세히 알린 뒤 주문받은 돈으로 상품을 만들어 보내 주는 크라우드 펀딩도 인기예요. 크라우드 펀딩은 어떤 방법으로 이루어질까요? 먼저 제품 사진이나 자세한 내용 등을 많은 사람이 볼 수 있도록 인터넷에 올려요. 이를 본 사람들은 돈을 보내 제품 구입을 예약하지요. 크라우드 펀딩은 실제 샘플까지 만들었지만 생산할 돈이 부족한 작은 기업 또는 제품을 만드는 사람들이 주로 선택하는 방법이에요. 구름처럼 많은 사람이 돈을 모아 만든다는 뜻으로 '크라우드(군중) 펀딩(모금)'이라고 해요.

기업들은 일하는 직원들을 나누기도 해요. 프랑스의 베네티스(Venetis)는 360개 기업에게 일과 관련 있는 전문가들을 서비스해 주고 있어요. 이 서비스를 이용한 기업들은 임금을 줄이면서 효율적으로 일을 처리하고 있어요. 이와 같은 직원 공유는 기업과 직원 모두에게 좋은 모델로 자리 잡고 있어요.

서로 다른 산업의 기업들도 직원을 공유하며 협력하기도 해요. 미국의 거대 호텔 그룹인 힐튼과 메리어트는 유행성 감염병으로 한동안

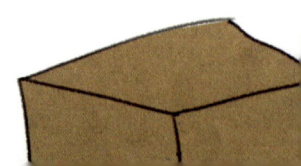

문을 닫자 월급이 없이 강제 휴가 중인 직원들을 파트너 회사가 잠시 뽑아서 일할 수 있도록 도왔어요. 힐튼의 직원을 잠시 뽑은 회사로는 아마존, 페덱스 등을 포함해서 80여 개 회사에 이른다고 해요.

공유경제가 진화했어요

공유경제는 시대의 변화에 따라 다양한 모습으로 바뀌어 갔어요.
공유경제에서 시작해 새롭게 태어난
경제들은 무엇이 있을까요?

01 공유경제가 일으킨 다양한 경제

공유경제가 빠르게 발전하자 사람들은 진정한 공유경제는 무엇인지 생각했어요. 그 과정에서 공유경제와 비슷하지만 조금씩 다른 모습의 경제 개념들을 뭐라고 불러야 할지 고민했어요. 쓰이지 않는 물건과 가치를 나눈다는 점은 공유경제와 비슷했지만 다른 점이 분명히 있었기 때문이에요. 이런 경제들은 무엇이 있을까요?

공유경제의 다른 이름들

종류	특징
공유경제(Sharing Economy)	지속 가능한 사회를 위해 효율적으로 나누는 것
협업경제(Collaborative Economy)	소비, 생산, 금융, 학습 등에서 협업
긱경제(Gig Economy)	필요에 따라 단기나 임시로 일하는 것
프리랜스경제(Freelance Economy)	임시 직원이 장기적으로 함께 일하는 것
크라우드경제(Crowd Economy)	대중을 참여하게 하는 경제
플랫폼경제(Platform Economy)	기술로 만들어진 플랫폼을 활용한 경제
디지털경제(Digital Economy)	디지털 기술을 활용한 경제

공유경제는 당장 쓰지 않는 것은 다른 사람에게 직접 빌려주고 빌리기 때문에 교환의 특징이 가장 뚜렷해요. 또 모두가 누릴 수 있고 누구나 참여할 수 있도록 열려 있어요. 위키피디아(인터넷 백과사전), 리눅스(윈도즈와 같은 컴퓨터 운영 체제), 오픈 스트리트 맵(사용자들이 참여해 계속 업데이트되는 인터넷 지도), 커뮤니티 매핑(참여자들이 지도에 정보를 나타내 편리한 사용을 돕는 지도), 크리에이티브 커먼즈(저작권에 제한이 없는 콘텐츠) 등이 초기 공유경제의 대표적인 예예요.

커뮤니티 매핑(Community Mapping)은 커뮤니티의 구성원들이 함께 사회 문제나 지역의 중요한 정보를 모으고 지도로 만들어 공유하는 서비스예요. 이는 미국의 임완수 메히리대 교수가 2005년에 겪었던 어려움을 바탕으로 시작되었어요. 임완수 교수는 뉴욕에서 화장

화장실 커뮤니티 매핑

실을 찾지 못한 채 길을 헤매고 있었답니다.

'사람들이 각자 알고 있는 화장실들의 위치를 공유하면 어떨까?'

이렇게 생각한 임완수 교수는 구글 맵스(구글 지도 서비스)로 간단한 사이트를 만들었어요. 누구나 사이트의 지도에 위치를 올리고 설명이나 평점을 입력할 수 있었어요. 그리고 이 사이트에 수많은 사람이 함께하면서 화장실의 위치가 무려 453개나 담긴 '뉴욕 화장실 지도(nyrestroom.com)'가 탄생했어요. 수많은 사람이 알고 있는 정보가 한곳에 모여 유용한 사이트가 된 거예요. 커뮤니티 매핑 서비스는 화장실이 아닌 또 다른 곳에서도 멋지게 활약했어요.

2012년 가을, 허리케인 샌디가 뉴욕과 뉴저지 부근을 강타했을 때의 일이에요. 엄청난 허리케인으로 지역의 전기가 끊기면서 많은 주유소가 기름을 공급하지 못해 큰 혼란이 생기고 말았어요. 이때 커뮤니

오픈 스트리트 맵

티 매핑에 참여하던 학생들과 주민들이 기름을 넣을 수 있는 주유소를 실시간으로 지도에 표시하면서 공유하기 시작했어요. 이 지도는 미국 에너지국 콜센터와 연방국 재난 지도, 구글 재난 맵에 빠르게 퍼졌답니다. 지도에는 주유소의 위치뿐만 아니라 기름이 떨어진 주유소, 아직 영업하는 주유소 등의 정보가 담겨 있었어요. 이 덕분에 허리케인이 덮치며 생긴 혼란과 피해를 줄일 수 있었답니다. 이는 학생 50여 명과 자원봉사자, 수많은 사람이 힘을 합쳐 만든 놀라운 결과였어요.

한국에서도 커뮤니티매핑센터(http://cmckorea.org)를 세워 참여형 커뮤니티 매핑들을 만들어 가고 있어요.

02 그때그때 모여서 일하자 _긱경제

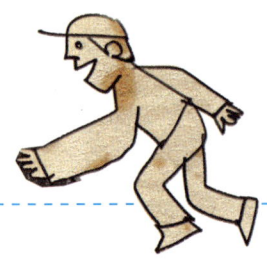

긱경제(Gig Economy)는 프리랜서경제, 협업경제로도 불리고 있어요. 긱경제는 과연 어떤 경제일까요? '무대 공연을 뜻하는 긱(Gig)'은 공연에 필요한 연주자들을 주변에서 필요할 때마다 섭외한다는 뜻이에요. 영화를 예로 들어 볼게요. 영화에 출연하는 배우나 촬영하는 스태프들은 하나의 영화를 위해 모여서 일하고 영화 작업이 끝나면 흩어지는 사람들이에요. 이처럼 사람들이 하나의 일(목적)을 위해서 함께 일하고 흩어진다 하여 '긱경제'라는 이름이 붙었어요.

배달 플랫폼(앱)에서 배달하는 라이더들, 크몽, 숨고, 온마, 해주세요 등의 공유 노동 플랫폼이 대표적이에요. 이 플랫폼들은 개발이나 디자인과 같은 전문적인 일부터 단순 노동까지 서비스해 주고 있어요.

공유 노동 플랫폼들

긱경제는 주로 노동력을 주고받는 공유경제의 어두운 면을 보여 주기도 해요. 공유 노동 플랫폼에서 노동력을 주는 사람은 플랫폼 기업과 직접 계약하지 않아요. A 플랫폼에서 일하지만 A 플랫폼의 직원이 아니라는 뜻이지요. 긱경제에서 노동자는 자신이 일하고 싶은 시간에 일하고 일한 만큼 돈을 벌 수 있어요. 돈을 벌 수 있는 기회가 많아지고 일하는 시간과 일을 고를 수 있다는 점은 분명한 장점이에요. 반대로 필요할 때만 사람들이 그때그때 일을 주기 때문에 일하는 수입이 일정하지 않아 안정적이지 않다는 단점도 있어요. 기업은 정식

직원이 아니니 고용 부담이나 세금을 줄일 수 있고요.

 노동자는 기업에서 일하는 시간과 쉬는 날이 법으로 정해져 있어요. 회사는 직원이 일하다 다치거나 아파서 치료를 받을 때도 월급을 줘야 하고 다시 돌아올 수 있도록 해야 해요. 그러나 플랫폼에서 일하는 사람들은 이런 장치가 하나도 없어요. 배달하다가 사고가 나거나 몸이 아플 때는 어디에서도 도움을 받을 수가 없지요. 공유 노동 플랫폼에서 일하는 사람들이 크게 늘어난 요즘에는 플랫폼 노동자의 이와 같은 대우 문제가 사회적으로 떠오르고 있어요.

 ## 생산자와 소비자를 잇자 _플랫폼경제

    공유경제는 인터넷과 웹 기술이 발달한 덕분에 쉽게 자리 잡을 수 있었어요. 오늘날의 사람들은 물건과 돈, 사람의 노동까지 인터넷 플랫폼으로 공유하고 있어요. 무엇이든 쉽게 나눌 수 있다는 플랫폼의 특징 때문에 플랫폼경제(Platform Economy) 또는 인터넷경제나 디지털경제라고 부르기도 해요.

    2002년, 프랑스의 경제학자이자 노벨경제학상을 받은 장 티롤(Jeon Tirole) 툴루즈 제1대학교 교수가 서로 다른 두 시장을 이을 수 있다는 사실을 증명하면서 플랫폼이 알려졌어요. 플랫폼에서 만난 생산자와 소비자는 여러 상품이나 서비스를 사고팔 수 있어요. 생산자와 소비자는 플랫폼의 바깥에 있지만 사고팔 때는 플랫폼 안에서 만나요. 플랫폼을 만드는 기업은 생산자와 소비자 모두가 고객이에요. 당근마켓, 우버, 배달의민족과 같은 기업들을 떠올려 보면 쉽게 이해할 수 있어요.

장 티롤 교수는 플랫폼 시장에서 생기는 문제들을 해결할 방법은 생각하지 못했어요. 규제가 미치지 않는 곳에서 여러 피해가 생긴다는 점이 플랫폼의 가장 큰 문제예요. 대체 어떤 문제가 생긴다는 뜻일까요?

애플리케이션을 사용하려면 앱 마켓(구글 플레이, 앱 스토어)에 들어가야 해요. 앱 마켓에는 유료 앱도 있고 무료 앱도 있고 앱 설치는 무료인데 앱에서 아이템을 구입하려면 돈을 내야 하는 것도 있지요. 주로 게임이나 OTT(넷플릭스, 왓챠, 디즈니플러스 등)와 같은 영화나 음악 콘텐츠를 서비스하는 앱들이 대표적이에요. 구글이나 애플은 앱을 마켓에 올려주는 대가로 어마어마한 돈을 벌어요. 앱 사용자들이 돈을 내는 방법도 앱 마켓들이 정한 방법을 따라야만 하지요. 이와

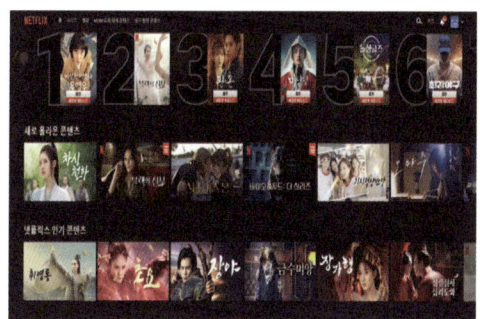 

대표 OTT

같은 플랫폼 기업의 행동은 작은 회사들에게서 많은 돈을 가져가고 엄청난 부담을 주어 성장하지 못하게 해요. 따라서 법으로 규제해야 한다는 목소리가 높아지고 있어요.

구글, 애플, 인스타그램 등은 우리나라 사람들이 가장 많이 쓰는 플랫폼들이에요. 한국에서 어마어마한 돈을 벌지만 정작 한국에 세금을 내지 않는 외국 기업이에요. 국내 기업이 아니라서 이들 기업에게 세금을 매기지 못하기 때문이에요. 플랫폼 서비스는 주로 1등만 살아남고 있어요. 왜일까요? 바로 플랫폼의 네트워크가 원인이라고 할 수 있어요. 원하는 서비스를 만나려면 사람들은 서로 같은 네트워크로 연결되어 있어야 해요. 여러분의 친구들이 트위터에 있으면 트위터에, 인스타그램에 있다면 인스타그램에 가입해야 하잖아요? 플랫폼의 많은 사용자는 더욱 많은 사용자를 불러들일 수 있어요. 이를 '네트워크 효과(Network Effects)'라고 해요. 사람들의 삶을 편리하게 하는 플랫폼은 사용자가 많을수록 엄청난 권력을 가질 수 있어요 이렇

게 권력을 얻은 플랫폼이 이익에 눈이 멀어 버리면 어떻게 될까요? 한순간 잘못된 판단으로 사용자는 물론이고 개인 정보 유출, 가짜뉴스, 해킹 등으로 엄청난 위험이 발생할 수도 있어요. 그렇기 때문에 플랫폼의 영향력을 견제하고 사회적으로 관리해야 한다는 의견들이 많아요. 더불어 이러한 문제를 기술적으로 해결하고자 하는 움직임들이 하나둘 나타나고 있어요. 그 대안으로 '블록체인' 기술과 이를 활용한 프로토콜경제가 떠오르고 있답니다.

04 우리 모두가 주인
-프로토콜경제

블록체인은 플랫폼의 권한 집중과 그 위험성을 해결하기 위해 발전하고 있는 기술이에요. 시장 참여자들이 함께 참여하여 규칙을 만들어 지켜 가는 약속인 프로토콜을 정해 거래하기 때문에 블록체인 기술은 중요해요. 프로토콜경제(Protocol Economy)는 권력이 한곳에 모이거나 시장을 차지하는 일을 막고 공정한 나눔을 목표로 해요. 우리나라는 2021년에 프로토콜경제의 4대 모델을 이렇게 정리했어요.

플랫폼 노동자와 함께 살아가기
정당한 노동 보상으로 노동자와 함께 살아가요.

전통 산업과 함께 살아가기
적은 돈을 받고 전통 산업과 소비자를 이어 줘요.

공유경제 키우기
공유하는 시설과 물품에서 수수료를 없애거나 줄여요.
블록체인 기술
모두가 참여할 수 있도록 새로운 기술을 개발해요.

많은 사람이 참여하여 만들어진 플랫폼이지만 만들어진 가치와 힘은 플랫폼이 독차지해요. 이와 같은 플랫폼 독점은 공유경제에서 가장 큰 걸림돌이에요. 프로토콜경제는 판매자와 소비자를 블록체인으로 연결하고 자동으로 공정하게 대가가 나눠지도록 설계된 프로그램이에요. 이를 실현하려면 IT 기술들이 더 발전해야 해요. 앞으로 플랫폼의 독점에서 생길 문제를 해결하는 기술적 경제로 프로토콜경제에 관심을 가지고 지켜보면 좋겠어요.

05 필요한 것은 다달이 구독하자 _구독경제

여러분이 달마다 사용료를 내는 것에는 무엇이 있을까요? 휴대폰 통신비, 넷플릭스와 같은 OTT 서비스, 멜론과 같은 음악 서비스, 저장 공간이 부족할 때 쓰는 클라우드 서비스 등 종류가 다양해요.

오늘날의 젊은 세대는 다양한 경험과 공유를 중요하게 여겨요. 저마다 다른 생활 스타일에 맞춰 여러 서비스를 원하고 있지요. 예전에

구독 서비스는 어떻게 달라져 왔을까?

도서관, 비디오, 신문 등 오프라인 구독 서비스

오프라인 마트나 백화점 등 대형 유통 중심의 집으로 찾아가는 배송 서비스

는 우유나 유산균 음료, 신문이나 잡지, 학습지와 비디오 등이 주된 구독 서비스였어요. 유행성 감염병으로 집에 머무는 시간이 늘어난 이후 여러 아이템을 경험하려는 사람들이 많아지면서 구독 서비스도 종류가 늘어났어요. 어떤 예들이 있는지 볼까요?

먼저 영화와 드라마 콘텐츠를 서비스하는 OTT 플랫폼들이에요. 넷플릭스, 왓챠, 티빙, 웨이브 등의 플랫폼들은 콘텐츠를 직접 제작할 만큼 짧은 시간에 어마어마하게 성장했어요. 쿠팡, 마켓컬리 등의 쇼핑 플랫폼들은 더욱 커지고 있어요. 낮에 주문하면 다음 날 새벽에 문 앞으로 배달해 주는 놀라운 서비스를 장점으로 내세운 덕분이지요.

주문할 줄 알았다는 듯이 빠르게 배송해 줄 수 있는 이유는 무엇일까요? 플랫폼이 사용자의 소비를 학습하고 예측할 만큼 똑똑해졌

개인에게 딱 맞는 구독 관리 시스템으로 변신

국내에 넷플릭스가 들어온 뒤 크게 성장한 콘텐츠의 구독 서비스

음식, 의류 등의 라이프 스타일 산업의 배송 구독과 대여 서비스

기 때문이에요. 사람처럼 기계도 학습한다는 기계 학습(머신 러닝 Machine Learning)은 플랫폼을 더 똑똑하게 만들어 줘요. 기계 학습이 된 플랫폼이 사람들에게 어떤 놀라운 서비스를 하는지 볼까요?

강아지를 키우는 집에서 사료를 주문했어요. 강아지가 먹는 사료는 대부분 비슷하고 떨어지는 시기가 일정해서 누가 어떤 사료를 주문할지 예상하기 어렵지 않아요. 쇼핑 플랫폼은 사용자의 주문을 데이터로 저장했다가 때가 되면 미리 주문할 수 있도록 알려 줘요.

사용자의 인터넷 사용 내용을 모아 보면 무엇을 좋아하는지, 키우는 반려동물은 어떤 종류인지 어렵지 않게 헤아릴 수 있어요. 플랫폼은 사용자가 인터넷에서 검색, 클릭하는 행동 등을 데이터로 만들어 고객을 관리해 빠른 배송을 할 수 있어요. 이런 똑똑한 플랫폼 덕분

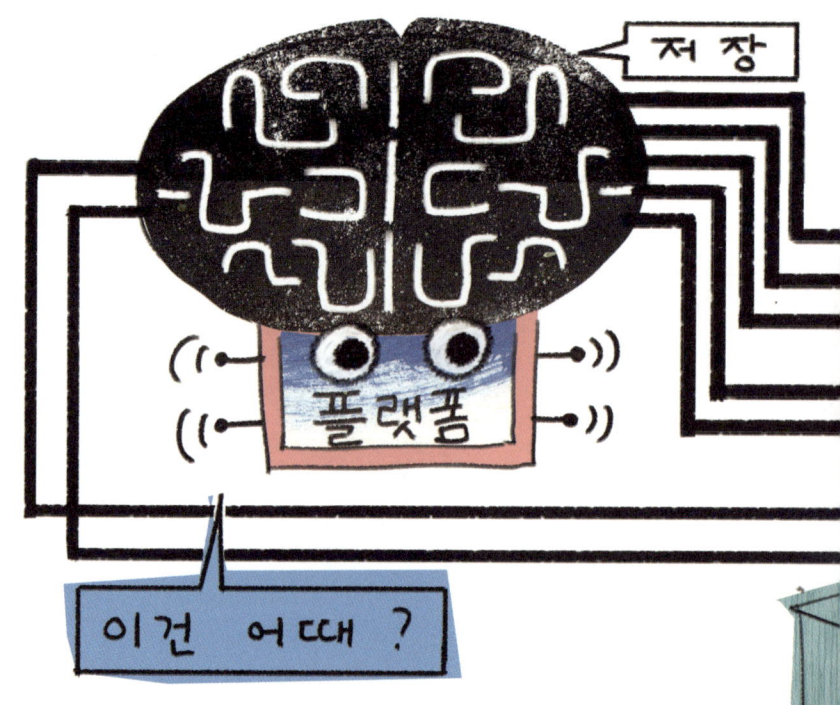

에 일어났던 웃지 못할 이야기를 들려줄게요.

　잔뜩 화가 난 남자가 대형 마트에 들어섰어요. 남자의 손에는 마트에서 자신의 딸에게 보낸 유아 용품과 할인 쿠폰이 들려 있었어요. 남자는 "딸은 아직 애는커녕 결혼하지도 않았는데 왜 이런 물건과 쿠폰을 보내느냐."라고 따졌어요. 영문을 몰랐던 매니저는 정중히 사과하며 남자를 돌려보냈어요.

　며칠 뒤, 다시 사과하려고 전화한 매니저는 남자의 달라진 태도에 놀랐어요. 마트에서 크게 화냈을 때와 달리 "딸이 임신한 걸 뒤늦게 알았소."라며 사과했기 때문이에요. 그렇다면 대형 마트의 마케팅팀은 부모도 몰랐던 딸의 임신 사실을 어떻게 알고 쿠폰을 보냈을까요?

　답은 고객들의 '빅데이터 분석'에 있었어요. 이 이야기는 미국의 대형 마트 타깃(TARGET)의 미니애폴리스 점포에서 일어났던 일이랍니다.

대형 마트 측에서는 고객들이 무엇을 얼마나 사는지 분석해 여성의 임신과 출산을 정확하게 예측했어요. 향이 나는 로션을 사던 여성이 향이 없는 로션을 사거나 평소 사지 않던 미네랄 영양제를 갑자기 사는 것과 같은 구매 패턴을 분석한 거지요. 여기에서 실마리를 얻어 구매의 원인이 임신이라고 생각했어요. 그리고 임신한 여성 고객들에게 관련 상품의 할인 쿠폰을 보내 판매를 올릴 수 있었어요. 이처럼 빅데이터의 수집과 분석에는 엄청난 힘이 있어요. 이를 깨달은 수많은 나라와 기업은 빅데이터의 경제적 가치에 큰 관심을 보인답니다.

인터넷의 발달과 유행성 감염병 이후 온라인에서의 쇼핑과 주문은 사람들에게 자연스럽게 자리 잡았어요. 공유경제와 비슷하지만 저마다의 특징이 있는 경제 개념들도 새롭게 나타나며 관심을 받고 있어요. 이 경제 개념들은 계속 발전하면서 새롭고 창의적인 모습을 띨 거예요. 앞으로 어떤 새로운 경제들이 생길지 여러분도 관심을 가져 보면 어떨까요?

우리는 공유경제에 진심

공유의 빛과 어둠, 생각해 봤나요?

전에 없던 새로운 것이 세상에 나타나면 지금껏 있던 질서에 변화가 생겨요.
그리고 변화가 자리 잡기까지 예기치 못한 여러 일이 일어난답니다.
변화에는 좋은 점과 함께 나쁜 점도 있는 법이지요.
세상과 사람들을 바꾼 공유경제에는 어떤 빛과 어둠이 있을까요?

옛것과 새것은 공존할 수 있을까?

이전부터 있었던 것과 새롭게 나타난 것은 언제나 부딪치기 마련이에요.

19세기 말, 영국에서는 마차처럼 생긴 자동차가 사람들의 눈길을 끌었어요. 말과 마차가 탈것이었던 당시 영국의 길거리에서 스스로 달리는 자동차는 아주 놀라운 발명품이었지요. 처음에 마부들은 마차를 닮은 자동차가 신기했어요. 건초나 당근을 먹이지 않고 잠을 재우지 않았는데도 엄청난 힘으로 쉼 없이 빠르게 달릴 수 있었으니까요.

지치지 않고 않고 달리는 자동차가 자신들의 일거리를 빼앗고 있다는 사실을 곧 알아차린 마부들은 생존의 위협을 느꼈어요. 영국 정부는 자동차 이용을 강하게 반대하는 마부들에게 밀려 다음과 같은 법을 만들었어요.

 "자동차는 마차보다 빨리 달리지 못하며 자동차 앞에는 말 대신 붉은 깃발을 들고 뛰는 사람이 반드시 있어야 한다."

 이렇게 만들어진 법이 '붉은깃발법(적기조례)'이었어요. 사실 영국은 어떤 나라보다 먼저 자동차를 일상에 들인 나라였어요. 그런데 이 법은 영국의 자동차 산업의 발전에 큰 걸림돌이 되었어요. 이후 독일이나 이탈리아와 같은 다른 나라가 자동차를 더 빠르게 일상에 받아

들이면서 자동차 산업의 주도권을 손에 넣었어요. 기존의 말과 마부를 더 중요하게 살피느라 자동차를 제대로 활용할 수 없도록 법을 만든 탓이었어요. 오늘날까지도 영국은 자동차 산업에서 기를 펴지 못하고 있답니다. 일거리를 잃을 마부들을 염려해 만든 법이 시대의 흐름을 읽지 못해 영국을 변화에서 뒤처지게 한 셈이에요.

빠르게 발전하는 시대에 옛것과 새것은 언제나 부딪칠 수밖에 없어요. 어떠한 선택이 더 나은 미래로 나아가게 할지 결단하는 일은 결코 쉽지 않아요. 공유경제에서도 언제나 이런 문제를 고민해야 해요.

10여 년 전만 해도 여행이나 출장을 가면 호텔이나 모텔 등에 묵어야 했어요. 오늘날에는 공유 숙박 플랫폼 덕분에 호텔이 아닌 현지인의 집에 묵는 여행객들이 늘어났어요. 자연스럽게 호텔 숙박이 줄어들었고 주변의 다양한 볼거리와 시설을 이용하는 손님들도 눈에 띄게 줄어들었지요. 손님들이 줄어들자 호텔들은 직원을 줄일 수밖에 없었어요. 이와 함께 호텔 주변의 택시나 편의점, 식당 등과 쇼핑 시설에도 이용객들이 줄어들었겠지요?

공유 숙박이 나타나면서 사람들에게는 선택할 수 있는 숙박이 늘

어났어요. 공유 숙박 덕분에 돈을 아끼고 생생한 현지 생활까지 체험할 수 있자 이용하는 사람들은 더 늘어갔어요. 언론에서는 공유 숙박이 발전할수록 문을 닫는 유명 호텔들이 늘어나고 있다는 뉴스가 계속 나오고 있어요. 이렇게 한쪽이 이득을 얻은 만큼 다른 한쪽이 이득을 얻지 못하는 상태를 '제로섬(Zero-sum)'이라고 해요. 공기의 양이 그대로인 풍선의 한 면을 누르면 다른 면이 부풀어 오르는 현상처럼 말이에요.

다양한 산업에서 발전해 점점 늘어나고 있는 공유경제와 달리 이전부터 있었던 산업은 문을 닫거나 줄어들고 있어요. 새롭게 나타난 공유경제가 원래 있었던 것을 사라지게 한 셈이에요.

자동차 공유에서도 이와 같은 어두운 면을 볼 수 있어요. 한국은 버스나 지하철이 잘 발달했고 자동차가 있는 집도 많아요.

대중교통 요금도 선진국 가운데에서 가장 값싼 나라이기도 해요. 요금이 낮으니 교통 분야에서 일하는 사람들의 고민도 깊어지고 있어요. 오랜 시간 일하지만 대가는 적고 일거리마저 자동차 공유에 빼앗기고 있으니 말이에요.

2018년에 뉴욕에서는 우버에게 일을 빼앗긴 택시기사들이 들고일어난 사건이 있었어요. 한국에서도 자동차 공유 서비스인 '타다'에 반대하며 도시에 모여 시위하고 택시기사가 목숨을 끊는 등 엄청난 갈등이 있었어요. 스마트폰과 애플리케이션 사용에 익숙해진 사람들은 예전처럼 길에서 택시를 잡아 타기보다 앱으로 편하게 택시를 부르기 시작했어요. 기존의 택시보다 편한 점들이 많으니 앱 이용이 더욱 늘어난 것이지요. 이런 현상을 두고 사람들은 찬성과 반대로 나뉘어 팽팽하게 맞섰어요.

"어떤 서비스든 불편해서 손님이 이용하지 않으면 저절로 사라집니다. 쓰고 안 쓰고는 사용자가 결정할 일이지 법이 결정할 문제가 아닙니다!"

"아무리 좋은 것이 생겼다고 해도 기존의 택시 제도를 무시하면 안 됩니다. 이런 사업을 허용하면 택시기사들은 일자리를 잃을 테고 관광버스도 시내버스를 한다고 할지도 모릅니다!"

우리나라에서는 택시가 아닌 자동차가 사람을 태워 데려다주고 돈을 받는 것을 불법으로 정했어요. 결국 우버와 같은 서비스는 한국에서 철수해야 했지요.

숙박 공유에서도 같은 문제가 생겼어요. 에어비앤비와 같은 서비스는 호텔이나 모텔과 같은 기존의 숙박 업체를 이용하는 손님들을 줄어들게 했으니까요.

전 세계 220여 개 나라 가운데 한국만 숙박 공유 서비스가 불법이라는 사실을 알고 있나요? 우리나라의 숙박 업체들은 위생·안전·

범죄 대책을 갖추어 어렵게 허가받은 곳이기 때문에 안전한 편이에요. 이와 달리 아파트나 개인 주택의 일부를 빌려주는 숙박 공유는 이러한 안전장치들이 없어서 사고가 생기면 집주인이 모두 책임질 수 없어요. 기존 숙박업에서는 이런 이유를 들어 숙박 공유를 막아야 한다고 이야기해요.

4차 산업 혁명 시대라고 부르는 오늘날은 기존에 없었던 것들이 빠르게 나타나는 놀라운 시대예요. 공유경제처럼 새로운 것들이 나타났을 때 사회가 받아들여야 할까요, 거부해야 할까요? 섣부르게 답을

정하기보다 사회에서 많은 사람이 함께 논의해서 신중히 정해야 해요. 영국의 붉은깃발법과 같이 한쪽 면만을 따진 결정이 어떠한 결과를 가져올지 누구도 알 수 없기 때문이에요.

02 독점하면 어떤 일이 생길까?

플랫폼을 바탕으로 하는 공유경제 시장은 시간이 갈수록 커지고 있어요. 많은 사용자가 거래하는 만큼 플랫폼이 벌어들이는 돈도 어마어마하게 늘고 있지요.

플랫폼 기업에게는 물건을 빌려주는 사람과 빌리는 사람 모두 고객이에요. 공유경제에서는 빌려주는 사람과 빌리는 사람을 구분하는 게 의미가 없어요. 언제든 내 것을 빌려주면서 다른 사람의 것도 빌릴 수 있기 때문이에요.

플랫폼은 한번 입소문이 나면 다른 경쟁자가 생기기 전에 한 분야를 독차지해 빠르게 자리 잡을 수 있어요. 어떤 분야의 시장을 차지한 플랫폼은 사용자가 알아차리지 못하는 사이에 슬며시 운영 정책

을 바꾸기도 해요. 그래서 어떤 사용자는 바뀐 정책에 불편함과 문제를 느끼곤 하지요. 플랫폼이 이용료를 얼마나 받을지, 언제 받을지, 거래가 취소되거나 반품이 있을 때 생기는 비용은 누가 낼지, 앱을 열었을 때 첫 페이지에 나오는 상품을 어떠한 규칙으로 정할지 등이 대표적으로 바뀌는 것들이에요. 플랫폼이 이런 내용들을 사용자들과 상의해서 정하지 않기 때문에 사용자나 제공자는 플랫폼에서 정한 규칙에 일방적으로 따라야 해요. 사용자가 바뀐 정책을 알아차리고 항의하려 해도 쉽지 않아요. 외국계 플랫폼들이 많아 소통이 어려워서 불만이 있으면 앱을 사용하지 않는 방법밖에는 별다른 도리가 없어

이곳은 내가 왕

요. 결국 사용자들은 플랫폼의 일방적인 결정에 끌려다닐 수밖에 없는 경우가 많아요. 최근에는 이렇게 플랫폼이 사용자들에게 끼치는 피해를 막고 공정한 거래가 이루어지도록 '갑질 방지법'이 생겼어요.

플랫폼의 일방적인 행동을 막는 이 법안은 세계 최초로 우리나라가 만들어 행하고 있어요. 누군가가 막을 수 없는 권력이나 독점은 사

회의 발전을 막고 건강한 사회를 망쳐요.

　이와 같은 여러 문제 때문에 공유경제를 '플랫폼경제, 긱경제, 구독경제'라고 자세하게 구분해 불러야 한다는 의견들도 있어요. 앞으로는 진정한 공유경제가 무엇이고 어떠한 경제가 바람직한지 끊임없이 따져 보고 논의해야 해요. 그리고 더 성숙한 공유경제가 어떠한 모습이어야 할지 관심을 가지고 함께 고민해야 한답니다.

03 플랫폼만 이익을 가져간다고?

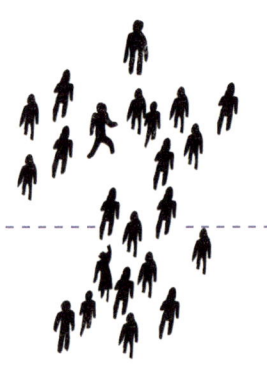

    공유경제는 남는 자원을 다른 사람과 다시 나누어 쓰기에 자원을 아껴서 자연을 보호할 수 있다는 장점이 있어요. 디지털 기술이 다양한 공유 서비스를 사람들에게 빠르고 정확하게 연결해 준 덕분에 공유경제는 성장할 수 있었답니다. 하지만 플랫폼의 역할뿐만 아니라 공유에 참여하는 수많은 사람이 있었기 때문에 성공할 수 있었다고도 봐야 해요. 따라서 플랫폼과 공유 참여자는 서로 이익을 주고받는 '공생 관계'라고 할 수 있지요. 플랫폼은 서비스를 받은 사람들이 낸 돈에서 정해진 수수료를 받아요. 수많은 이용자가 낸 수수료가 플랫폼의 커다란 이익이 되는 거지요. 그런데 사람들이 공유해서 얻은 이익을 모두 플랫폼이 가져가고 있다면 어떨까요?

대표적인 공유 기업 우버나 에어비앤비는 어마어마하게 많은 돈을 벌었어요. 플랫폼의 성장은 회사의 임원뿐만이 아니라 수많은 플랫폼 참여자 덕분이기도 해요. 그럼에도 플랫폼에서 집과 자동차를 공유했던 사람들에게는 아무것도 돌아가지 않았어요. 플랫폼만 엄청난 이익을 가져가는 데 의문을 품은 우버의 운전자들과 에어비앤비의 집주인들이 한자리에 모였어요. 그리고 플랫폼의 이익도 참여자와 나눠야 한다고 목소리를 높였어요. 플랫폼이 챙기는 어마어마한 이익은 참여하는 사람들이 이루어 낸 결과라고 생각했기 때문이에요.

실제로 우버는 운전자들이 적은 돈을 받고 많은 시간 일한 덕분에 성장할 수 있었어요. 우버의 운전자들은 자동차의 기름값과 보험료, 고객과의 연결에 필요한 콜 비용 등을 떠안고 있어요. 그럼에도 우버의 직원이 아니기 때문에 고된 노동만큼의 보상은 물론, 플랫폼의 이익을 함께 누리지 못하고 있어요. 2019년 캘리포니아주에서는 플랫폼 운전기사들을 노동자로 정하고 그에 맞는 권리를 보장하는 법이 만들어졌어요. 이 법에 따라 플랫폼의 정식 직원이 받는 보험과 월급, 휴가나 퇴직금이 생겼어요. 안타깝게도 캘리포니아주 외에는 이런 법이 없어서 다른 지역의 우버 운전기사들은 아르바이트로 대우받고 있어요. 미국은 땅이 넓고 주마다 법이 달라서 같은 문제를 두고도 이런 상황이 생기고 있답니다.

플랫폼에서 운전 서비스를 공유하는 운전기사를 플랫폼의 정식 직원으로 봐야 할까요? 직원으로 봐야 한다면 우버가 성장하면서 얻은 이익도 나눠야 맞지 않을까요? 시간이 흐른 뒤 캘리포니아의 주민 투표에서 이 법이 무효가 되었어요. 그리고 지금까지 뜨겁게 논란을 일으키고 있지요.

플랫폼에서는 참여자들의 정보 관리도 중요한 문제가 되고 있어요. 서비스를 하는 사람은 무엇으로 어떠한 서비스를 할지, 대가로 얼마를 받을지 등의 자세한 정보를 직접 올려요. 서비스를 받을 사람은 출발지와 목적지는 어디인지, 자신이 지금 있는 곳은 어디인지, 서비스를 어떻게 받을지, 결제할 때 쓸 신용 카드 등의 정보를 올려요. 플랫폼은 양쪽의 정보를 모두 갖고 있다가 서로 이어 주는 서비스를 해요. 그렇다면 플랫폼에 있는 정보들은 누구의 것일까요? 당연히 자신의 정보를 올려놓은 사람들이 주인이에요. 정보를 올린 사람이 회원에서 탈퇴하면 플랫폼에서는 정보가 사라져야 해요. 플랫폼에 참여하는 동안은 그 정보가 다른 목적으로 쓰이면 절대 안 되기도 하고요.

플랫폼은 수많은 사용자의 개인 정보를 철저하게 관리해야 해요. 따져 보면 플랫폼은 거래하는 장소만 주지만 서비스는 제공자와 사용자가 직접 주고받아요. 플랫폼이 얼마만큼 이익을 가져가야 공정한지, 이곳에서 공유하는 사람들도 플랫폼의 직원으로 여길지, 아르바이트로 봐야 할지의 여러 문제는 앞으로도 계속 생각해 봐야 해요.

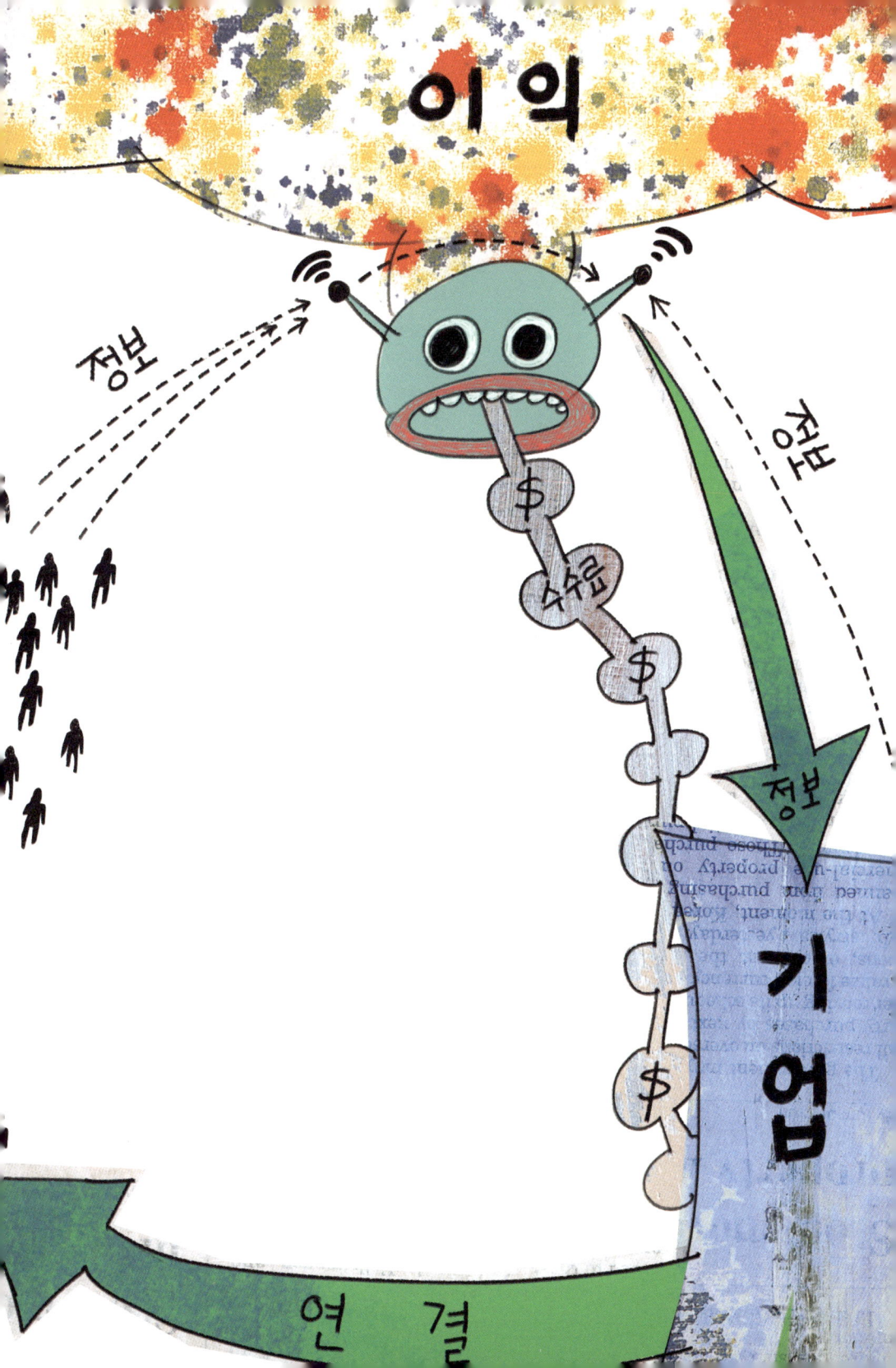

04 만든 사람 따로, 돈 버는 사람 따로

　인터넷에서 웹 사이트를 사용하려면 그 사이트의 회원으로 가입해야 해요. '왜 이렇게 많은 정보가 필요한 거야?' 하고 생각할 만큼 요구하는 정보들이 많아요. 가끔, 한 번도 들어가 보지 않은 웹 사이트나 서비스를 광고하는 스팸 문자와 전화가 여러분에게 온 적도 많았을 거예요. 여러분의 전화번호는 어떻게 알고 연락한 걸까요? 여러분이 입력한 전화번호, 이메일 등의 정보들이 어딘가로 넘어간 것일까요?

　사람들이 자주 쓰는 인스타그램, 페이스북, 유튜브, 트위터에는 여러분이 직접 남긴 내용과 댓글, 동영상이 올라가 있어요. 기발한 콘텐츠라면 많은 사람 사이에서 크게 인기를 끌기도 하고요. 플랫폼은 콘텐츠를 올릴 수 있는 장소만 빌려줘요. 여러분이 만든 콘텐츠가 엄청난 인기를 끈다면 어떻게 돈이 벌리는 걸까요? 유튜브를 예로 들어 볼게요.

사용자가 만든 콘텐츠를 많은 사람이 클릭해서 본다면 그 콘텐츠에 광고를 내보내요. 인기 콘텐츠일수록 많은 사람이 볼 테니 커다란 광고 효과를 기대하는 거예요. 이때 광고 회사에게 광고료를 받아요. 이렇게 발생한 광고 수익을 콘텐츠 제작자와 나누는 것이에요. 광고 수익을 반으로 나누지만 트위터와 틱톡 등은 수익을 거의 나누지 않아요. 더 놀라운 사실은 이들 기업이 모은 개인 정보들로 또 다른 이익을 얻었다는 점이에요. 실제로 페이스북(메타)에서는 5억 명이 넘는 이용자의 이름과 전화번호가 담긴 정보들이 정치 광고나 다른 목적으로 쓰였다고 해요. 관리하지 못해 실수로 빠져나갔는지 누군가 의도적으로 빼돌렸는지 알 수 없어요. 이는 기업에 사람들의 정보가 모여 있기 때문에 일어나는 일이에요.

국내 기업도 이런 비판을 받고 있어요. 많은 사람이 쓰는 네이버와 다음은 어떤 뉴스 기사를 제일 위에 내보낼지, 댓글을 쓰게 할지 못 쓰게 할지 등의 정책으로 몇 년 동안 시끄러웠어요.

최근에는 데이터나 콘텐츠를 만들어 올린 사람과 플랫폼이 이익을 나눠야 하고 자신의 정보는 스스로 관리하게 하자는 '마이데이터(My Data)' 사업이 금융 분야에서 이루어지고 있어요. 마이데이터는 정해진 금융 회사에서 여기저기 흩어진 개인 정보들을 모아 줘요. 또 사

용자의 재산에 딱 맞게 관리할 수 있도록 개인 정보를 책임지고 다뤄요. 계좌 잔액, 카드 결제 내역, 대출 금리, 보험 보장 등 다양한 금융 정보를 받을 수도 있어요. 즉 사람들이 원하는 회사에 자신의 데이터를 맡겨 관리하게 하는 서비스이지요.

인터넷에는 사람들이 직접 입력한 데이터뿐만 아니라 스마트 기기를 사용해서 자신도 모르게 기록이 남는 데이터도 있어요. 핸드폰의 위치, 내비게이션을 사용한 자동차가 이동한 경로 등이 이런 예들이에요. 수많은 디지털 기기를 사용하면서 만들어진 이 데이터들이 왜 중요할까요? 기업은 이 데이터들에서 사람들의 행동, 관심사, 좋아하는 음식 등을 예상할 수 있어요.

미국에서 계절 감기가 유행할지를 가장 빠르고 정확하게 알아낼 수 있는 곳은 구글이라고 해요. '감기, 감기약'이라는 단어가 어떤 지역부터 어떤 내용으로 검색되는지 살펴볼 수 있기 때문이에요. 구글이나 네이버와 같은 인터넷이 왜 사람들에게 돈을 받지 않으면서 검색, 메일, 블로그와 같은 서비스들을 하는지 이해할 수 있지요?

석유와 석탄이 중요했던 이전의 제조업 시대와 달리 디지털 시대에는 사물 인터넷(IoT, Internet of Things)에서 만들어지는 데이터들이 아주 중요해요. 다양한 산업에서 생기는 데이터들은 시간이 지날수록 빠르게 수없이 늘고 있어요. 따라서 앞으로는 데이터를 얼마나 똑똑하게 분석해 이용하는지가 미래 산업의 성공을 결정할 거예요.

앞으로는 수많은 사람이 만들어 내는 데이터들을 얼마나 많이 가지고 있는지, 얼마나 잘 분석하는지가 나라와 기업의 경쟁력이 되는 시대가 될 거예요. 선진국들은 더 많은 데이터를 빠르고 정확히 분석해 새로운 정보를 얻으려고 소리 없는 전쟁을 치르고 있답니다. 그래서 데이터를 둘러싸고 '신냉전' 시대가 열렸다고 말하기도 해요.

미국은 IT 기업들을 철저하게 관리하는 나라예요. 미국에서 생긴 수많은 데이터가 다른 나라 또는 기업으로 흘러가지 못하게 예민하게 반응하지요. 그래서 몇 년 전에는 미국에 진출한 중국의 스마트 기기 제조사인 화웨이 부회장을 기소한 적이 있었어요. 기소한 이유에는

여러 가지가 있겠지만 중국 통신 기기를 통한 미국인들의 데이터 유출을 막으려는 목적도 있었다고 해요. 이처럼 미국은 인공 지능, 바이오 기술, 반도체 등과 같은 핵심 기술에서도 주도권을 잃지 않겠다는 의지를 보이며 데이터들을 신중하게 다루고 있답니다.

중국은 데이터가 다른 나라로 빠져나가지 못하도록 나라 안에서 생기는 데이터들을 직접 관리하고 있어요. 토지, 노동, 자본, 기술과 함께 데이터를 5대 생산 요소로 여기며 데이터 센터와 서버 등을 중국 안에서만 세우고 있어요. 중국 바깥에서 들어오는 데이터에도 민감해서 구글, 넷플릭스 등의 서비스를 사용할 수 없게 철저히 막고 있기도 해요. 중국 정부의 인터넷 감시를 만리장성과 차단 방화벽을 더해 '만리 방화벽'이라고 비꼬아 부르고 있답니다.

우리나라도 '데이터댐'이라는 데이터 관리 정책이 있어요. 데이터댐은 엄청난 경제 대공황을 겪던 미국이 후버댐을 지어 일자리를 만들고 어려운 경제 위기를 이겨 내려 했던 사례에서 따온 이름이에요. 이 정책은 다양한 산업에서 데이터(Data)와 네트워크(Network), 인공 지능(AI)이 바탕인 새 산업 모델 만들기가 목표랍니다.

05 진정한 공유는 데이터가 핵심

　인터넷은 공유경제에 생명을 불어넣은 엄청난 발명품이에요. 그렇지만 편리함이라는 장점 뒤에 가려진 수많은 문제도 함께 해결해야만 진정한 공유경제를 이룰 수 있어요. 정보나 이익이 한쪽에 쏠리지 않고 모두에게 공정한 플랫폼 만들기가 이상적 목적이라고 할 수 있지요.

　먼저 인터넷과 웹의 원리를 살펴볼게요. 이 둘의 관계와 원리를 알아야 플랫폼의 독점이 얼마나 위험한지, 진정한 공유를 위해 생각해야 할 점이 무엇인지 쉽게 이해할 수 있기 때문이에요.

　사람들이 인터넷에서 정보를 얻어 가거나 나눌 수 있는 개인 홈페이지를 만들려면 먼저 주소를 얻어야 해요. 집 주소는 단 하나뿐이듯 홈페이지 주소도 세상에 단 하나만 만들어져요. 인터넷에서는 이를 도메인 이름(Domain Name), 줄여서 '도메인'이라고 해요. 웨일이나 크롬 등의 웹에 접속하는 웹 브라우저에 도메인을 입력하면 홈페이지로 이동할 수 있어요.

　www.naver.com, www.google.com 등처럼 도메인에는 www 글자와 함께 홈페이지 이름이나 간략한 영문 철자가 붙고 그 뒤에 com, net, co.kr 등이 붙어요. www. 고유 영어 글자. 규칙 글자와 같은 주소는 어디에서 받을 수 있을까요? 세계의 모든 인터넷 주소를 관리하는 국제인터넷주소관리기구(Internet Corporation for Assigned Names and Numbers, ICANN)에 신청하면 받을 수 있어요. 여러분이 사용할 주소를 기관에 신청했는데 누군가 그 주소를 쓰고 있다면 다른 주소를 신청해야 해요. 주소를 받았다면 인터넷에 올리려는 내용이 담길 웹 페이지를 만들어요. 상품을 판매하려 한다면 상품 사진과 설명, 가격, 주문 방법 등을 그림과 글로 잘 정리해 올려야 해요. 인터넷에 올릴 내용은 '웹 디자인'으로 보기 좋게 꾸며 줘요. 원하는 내용과 디자인으로 웹 페이지를 만들었다면 사람들이 들어오도록 서버를 빌려 주는 '호스팅'을 신청해서 그 안에 웹 디자인 데이터를 올려야 해요. 호스팅은 각 나라의 통신사(우리나라는 SK, KT, LG)들과 전문 기업들이 맡고 있어요. 호스팅 전문 회사들은 웹 페이지들을 엄청나게 큰 서버 컴퓨터에 저장하고 인터넷으로 연결해 줘요. 데이터센터(IDC)에는 어마어마하게 많은 홈페이지의 데이터들을 담은 서버 컴퓨터들이 있어요. 이 컴퓨터들은 365일 24시간 내내 꺼지지 않고 어

떤 문제가 생기거나 해킹되지 않도록 철저히 관리되고 있어요. 또 일반 사용자나 해커가 중요한 정보들을 마음대로 보거나 바꾸지 못하게 막아 주고 암호화해 보호해요. 이 데이터센터는 우리나라의 여러 곳에 엄청난 크기의 건물로 자리하고 있어요.

우버가 운영하는 서버에는 전 세계의 자동차 제공자와 사용자의 개인 정보부터 계좌나 카드, 자주 사용하는 장소, 시간 등 플랫폼을 이용할 때 필요한 정보들이 있어요. 우버는 이 정보들을 누군가가 빼어 가지 못하도록 철저하게 관리해야 해요. 우버의 서버에 있는 사용자들의 정보들을 분석하면 무엇을 알 수 있을까요? 어떤 사람이 언제쯤 어디로 며칠 동안 여행하는지 알아내거나 예측하기는 어렵지 않아요. 더불어 그 사람에 대한 다양한 것을 알 수 있겠지요.

06 한곳에 모이면 불안해

　세계적인 웹 사이트나 통신사가 개인 정보를 유출했다는 뉴스가 종종 전해지곤 해요. 이는 어떤 회사가 사람들의 정보를 관리하지 못해서 해커에게 정보를 빼앗겼을 수도 있고 회사 안의 누군가 유출했기 때문일 수도 있어요.

　'해커'는 개인 정보를 노리고 컴퓨터에 침입하려는 사람들이에요. 정보를 빼돌리려는 이들을 '블랙해커(크래커)', 반대로 해킹을 막는 이들을 '화이트해커'라고 해요. 어떤 홈페이지를 해킹하여 얻은 정보로 블랙해커가 무슨 짓을 할지 누구도 알 수 없어요. 여러분의 주민등록 번호, 주소, 카드 정보 등이 다른 사람에게 넘어간다면 여러분의 이름으로 은행에서 돈을 빌리고 신용 카드를 만들어 마음대로 쓰는 일이 벌어질 수도 있어요.

정보가 빠져나가지 않도록 제대로 지키려면 어떻게 해야 할까요? 정보를 담은 서버가 있는 건물과 인터넷으로 접속하는 모든 것을 보안 프로그램 등으로 날마다 꼼꼼하게 관리해야 해요. 또 서버의 중요한 정보들은 모두 암호화하여 보관하고 철저하게 관리해야 해요. 최근에는 중요한 정보들을 여러 곳에 나누어 저장하는 기술(분산화)이 떠오르고 있어요. 정보가 여러 곳에 나뉘어 저장되면 한곳만 해킹한다 해도 소용이 없기 때문이에요.

'블록체인(Block Chain)'은 여러 개의 블록이 고리로 묶여 있다는 뜻이에요. 100명이 퍼즐 100조각을 하나씩 나눠 가졌다면 퍼즐 조각

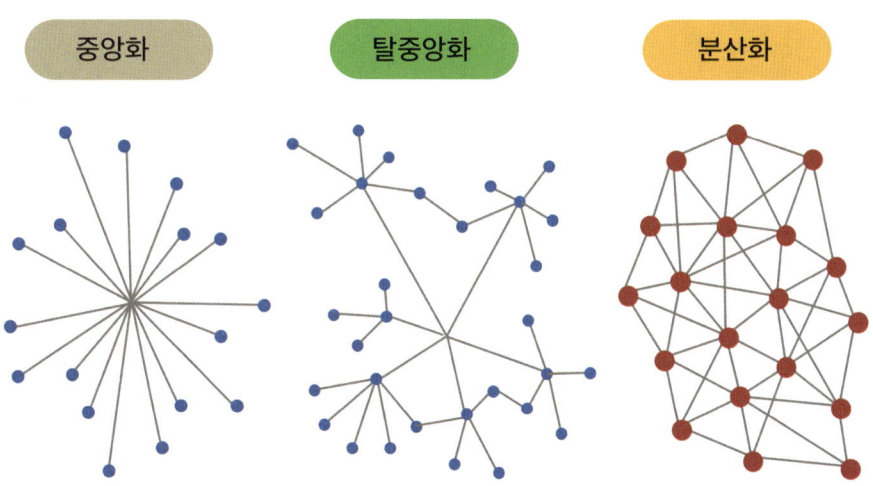

을 하나 가져도 전체 그림이 무엇인지 절대 알 수 없어요. 퍼즐 조각들을 모두 모아서 맞춰야지만 알 수 있지요. 이처럼 여러 개로 나누어서 저장하고 순간적으로 하나가 되는 블록체인 기술은 한곳에 모인 중요한 정보가 누군가의 손에 들어가는 위험을 줄이기 위해 만들어진 기술이에요. 가상 화폐 비트코인도 블록체인 기술을 쓰고 있어요.

정보들이 한곳에 모이는 플랫폼 우버나 에어비앤비는 거래하는 사람들 덕분에 어마어마한 이익을 얻고 있어요. 그럼에도 참여한 운전자나 이용자에게 이익이 돌아가지 않아요.

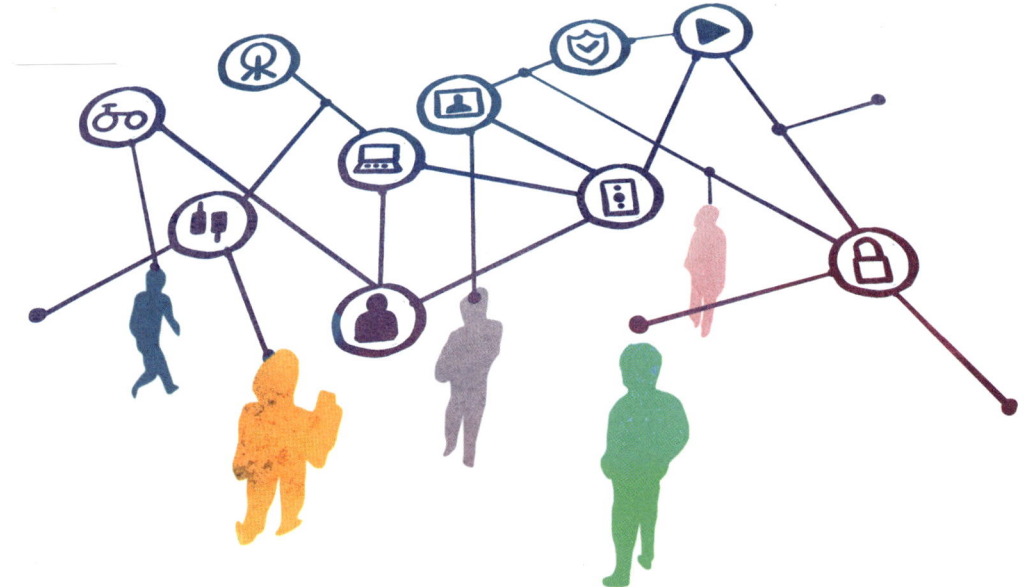

최근에는 정보를 안전하게 지키는 일 외에도 참여한 사람들에게 이익을 공평하게 나누는 새로운 대안으로 블록체인 기술이 떠오르고 있

어요. 바꿔 말하면 함께한 사람 모두가 주인이 되어 플랫폼을 만들 수 있다는 생각이에요. 사람들은 이 놀라운 일을 아직까지 이루기 어렵다고 생각해요. 그럼에도 지금까지 기술이 빠르게 발전해 온 속도를 생각하면 가능할 수 있다고 보기도 해요. 실제로 해외에서는 직원 모두가 참여자이자 운영자인 블록체인형 회사들도 나타나고 있어요. 모두가 사장과 직원의 역할을 맡다 보니 함께 일하며 얻은 수익을 나누고 같이 결정하는 민주적인 구조를 보이지요.

굳이 블록체인 기술을 사용하지 않아도 같은 뜻이 있는 사람들이 만든 협력 단체도 또 다른 대안으로 떠오르고 있어요. 이 단체에 있는 사람들은 서로 도우면서 이익을 함께 나눠요. 우리나라에서는 생활 협동조합(생협), 농업 협동조합(농협), 수산업 협동조합(수협) 등이 그런 단체들이에요. 외국에서는 과일 생산자 협동조합인 썬키스트, 축구 팬들이 모여 만들어진 FC바르셀로나, FC맨체스터 등이 있어요. 협동조합에서는 가입비를 내고 회원이 되어 주인으로서 중요한 결정에 투표로 참여할 수 있어요.

공유경제 플랫폼에 블록체인 기술을 사용한다면 진정한 공유경제가 이루어지지 않을까 생각하는 사람들도 있어요. 이처럼 블록체인 기술은 앞으로 공유경제가 가야 할 방향을 잘 보여 주고 있다고 할 수 있답니다.

정치에도 이런 블록체인 기술이 쓰인다면 새로운 모습의 정치가 나타날 수도 있어요. 지금처럼 지역을 대표하는 국회의원들에게 모두

맡기지 않고 국민들의 의견을 투표로 결정하는 인터넷 민주주의나 블록체인 정당 등으로 말이에요. 머지않아 국민을 대표하는 국회의원이나 대통령이라는 직업이 없어지고 블록체인으로 국민 모두가 직접 참여하여 결정하는 나라가 될지도 몰라요.

지금 여러분이 살아가는 이 세상은 많은 것이 얼기설기 연결되어 있어요. 인류가 겪어 왔던 세계 대전부터 1~4차 산업 혁명, 컴퓨터, 통신, 인터넷, 웹, 인공 지능, 자율 주행, 지구 온난화와 탄소 중립, 블록체인 등 다양한 문제와 이를 해결하는 기술들이 세

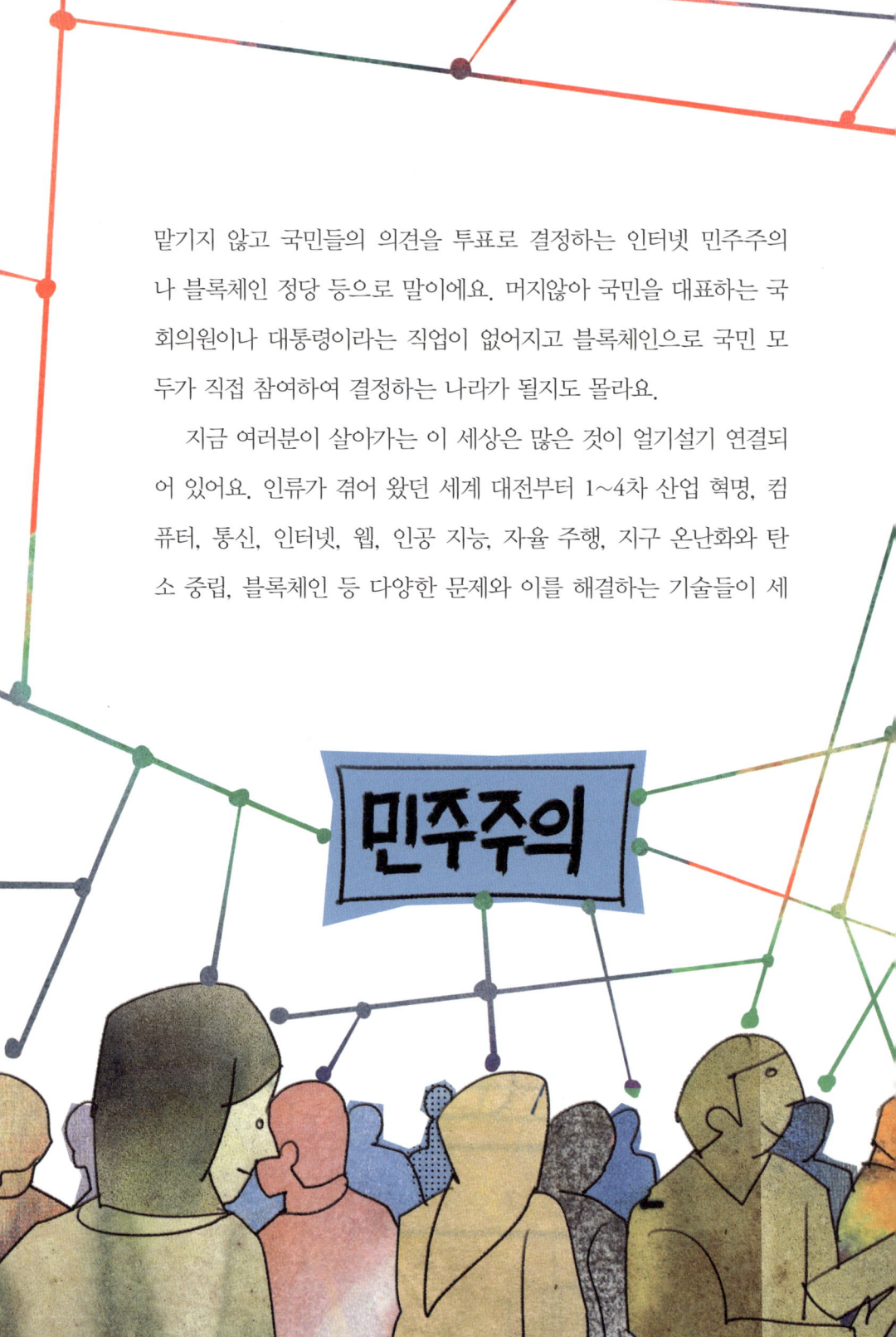

블록체인 정당

상을 바꾸어 왔기 때문이에요. 앞으로도 세상은 발전하는 기술 덕분에 더 빠르고 새로워질 거예요. 인류는 모두에게 이로운 무언가를 만들면서 더 나은 미래를 꿈꾸겠지요. 앞으로의 공유는 인류에게 어떤 변화와 놀라운 선물을 더 가져다줄까요?

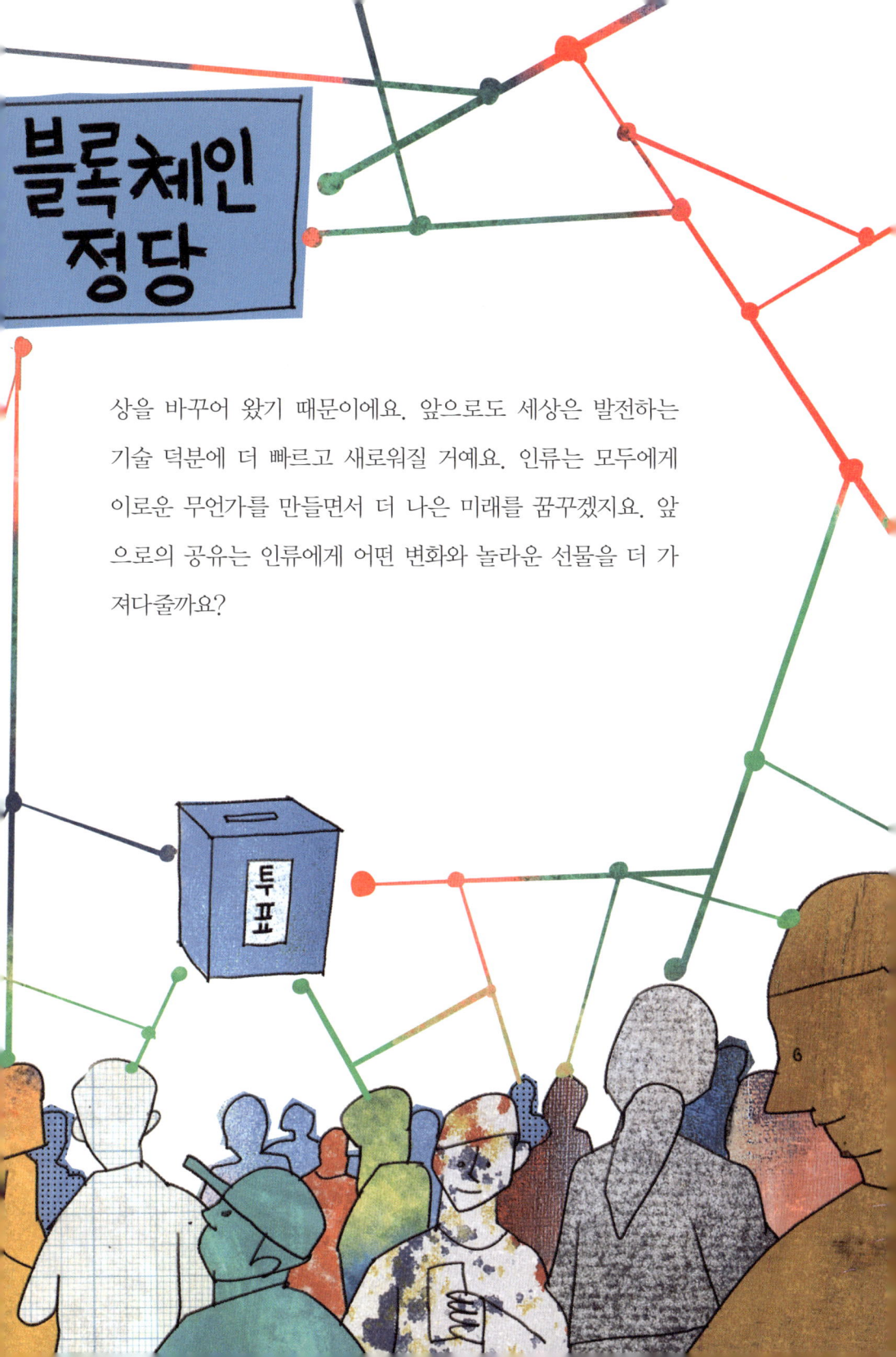

6장

나도
공유경제 사업가

지금까지 공유경제가 나타난 배경과
공유가 활발하게 이루어지는 분야, 발전할 가능성을 살펴봤어요.
이 이야기들을 잘 이해한 친구들이라면 주변에서 무엇을 나눌 수 있을지
멋진 공유 아이디어가 샘솟을지도 몰라요.

공유경제 아이디어 이렇게 내 보자!

1. 이 아이디어는 어떻게 떠올랐나요?

생활하면서 불편하다고 생각하거나 사지 않고 빌리거나 빌려주면 좋겠다고 느낀 물건이나 가치가 있나요? 있다면 자유롭게 적어 보세요.

- 불편하다고 느낀 점

- 공유하면 좋겠다고 생각하는 것

2. 어떤 아이디어인가요?

다른 사람과 나누고 싶은 아이템이 있나요?

■ **공유할 아이템**

3. 공유한 아이디어를 사용할 사람이 있을까요?

가족이나 주변 친구들에게 생각한 공유 아이템이 어떤지 의견을 물어보세요.

-
-
-
-
-
-
-

실제로 빌려주고 빌린다고 생각하고 다른 사람의 의견을 되도록 많이 들어 보세요.

-
-
-
-

■
■
■
■
■

4. 사업성과 수익이 있을까요?

■ 빌려주고 빌리는 비용은 얼마가 좋을까요?

■ 빌려주는 사람과 빌리는 사람 모두 만족할 금액은 얼마로 해야 할까요?

■ 그 공유를 이어 주는 나는 대가로 얼마를 받아야 적당할까요?

■ 빌려주는 사람과 빌리는 사람 가운데 누구에게 대가를 받아야 할까요?

5. 이 아이디어를 통해 어떤 문제를 해결할 수 있을까요?

- 공유하면 사고파는 것보다 무엇이 좋아질까요?

- 어떤 불편한 점이 있을지 예상해 보아요.

6. 공유 플랫폼은 무엇으로, 어떻게 만들까요?

- 공유 플랫폼은 무엇으로 만들어야 좋을까요?(웹·앱·종이·기타)

- 공유 플랫폼의 기능에 어떤 기능이 있어야 할까요?

- 공유 플랫폼을 만드는 데 비용은 얼마나 들까요?

- 플랫폼을 만드는 데 비용을 쓴다면 어떻게 벌어서 만회할 수 있을까요?

- 비용은 어떻게 마련할 수 있을까요?

7. 플랫폼에서 예상할 수 있는 문제는 무엇이 있을까요?

- 예상되는 결과를 가지고 실험해 보세요.